THÈSE

DOCTORAT

SOUTENUE PAR

LUCIEN JULLEMIER

Né à Sens (Yonne).

PARIS

PICHON—LAMY ET Cⁱᵉ, LIBRAIRES-ÉDITEURS

11, RUE CUJAS, 11

1872

THÈSE POUR LE DOCTORAT

DU GAGE

EN DROIT ROMAIN ET EN DROIT FRANÇAIS

THÈSE POUR LE DOCTORAT

SOUTENUE PAR

LUCIEN JULLEMIER

Né à Sens (Yonne), le 3 mars 1847.

Le mercredi 7 février 1872 à 2 heures

PRÉSIDENT : M. ORTOLAN

SUFFRAGANTS : MM. VALETTE, RATAUD, DEMANTE — PROFESSEURS — BOISTEL — AGRÉGÉ

PARIS

ANCIENNE MAISON GUSTAVE RETAUX

PICHON ET Cⁱᵉ LIBRAIRES-ÉDITEURS

14, RUE CUJAS, 14.

1872

DROIT ROMAIN

L'histoire nous montre que le gage chez tous les peuples s'est développé proportionnellement à l'accroissement de la population, à l'activité commerciale et à l'extension des rapports internationaux. A l'époque même où l'empire romain fut le plus florissant, où ses institutions juridiques étaient inspirées par les doctrines les plus saines et les plus hautes, on fut loin de donner aux valeurs mobilières l'importance que nous leur connaissons aujourd'hui ; mais il n'en est pas moins vrai que le gage jouait alors un rôle déjà fort important, et que souvent il intervenait dans les conventions. Les documents ne nous font pas défaut en cette matière; les difficultés s'y rencontrent plutôt grâce à la surabondance des textes qui présentent des contradictions les unes réelles, les autres seulement apparentes. Nous n'examinerons pas ce contrat successivement suivant les différentes époques du droit, mais feignant la formation et la réalisation du contrat, nous nous proposons d'étudier sur chaque matière les modifications apportées avec le progrès par le préteur et les jurisconsultes. L'examen du progrès en lui-même et de son développement viendra plus utilement lorsque nous traiterons du Droit français.

Nous rappellerons seulement les imperfections de l'ancien droit (1), où le débiteur voulant donner à son créancier un droit de gage sur une chose n'avait d'autre moyen que de lui transférer la propriété même de cette chose par *mancipatio* ou *cessio in jure*, ayant soin toutefois d'ajouter à ce transport une clause *de fiducie*, par laquelle le créancier s'engageait à son tour à retransférer la propriété au débiteur après sa libération.

C'est à tort que l'on a comparé le contrat ainsi formé dans l'ancien droit romain à notre vente à réméré ; rien n'y ressemble moins. En effet, lorsque la condition du réméré est accomplie, les droits conférés par le vendeur à l'acheteur sont rétroactivement anéantis ; l'acheteur n'a pas été propriétaire en réalité, et le vendeur primitif a pour recouvrer sa chose une action réelle. En est-il de même à Rome ? Non, le contrat a produit un effet qu'on ne peut effacer ; la chose a été bien et dûment vendue, et est devenue la propriété de l'acheteur qui a pu consentir valablement des droits sur elle à des tiers, et ces droits seront irrévocables,

(1) Gaius Comment. II, § 64 ; Javolenus, liv. XLVII, t. II, loi 74.

comme émanant d'u 1 propriétaire définitif. Voilà ce qu'ont produit la rigueur du droit et les formules sacramentelles de la *mancipatio* ou de la *cessio in jure.* Voyons maintenant l'effet du contrat *de fiducie* : cette clause a fait naître une *action personnelle* au profit du vendeur contre l'acheteur ; lorsque ce dernier aura été payé de la somme pour laquelle le gage sous forme de vente lui a été consenti, s'il se refuse à restituer au vendeur l'objet réclamé, c'est sous le coup d'une action personnelle qu'il succombera. Cette action personnelle servira au vendeur non-seulement à réclamer sa chose, mais encore à se faire indemniser des détériorations qu'elle aurait subies, et des droits irrévocables que l'acheteur aurait consentis sur elle.

On voit combien ce système était défectueux : assurément, dans la majorité des cas, celui qui prête sur gage ne devient pas insolvable, et l'action personnelle suffisait pour sauvegarder les intérêts du vendeur ; mais il pouvait arriver que l'acheteur avant le paiement de la dette et l'ouverture de l'action personnelle devînt insolvable après avoir cédé la chose à un tiers ; dans ce cas le vendeur ne pouvant recourir directement contre le tiers acquéreur se trouvait muni d'une action personnelle qui n'avait aucune utilité.

Entouré de ces formalités, ce contrat de gage était impraticable ; aussi, la législation ne tarda-t-elle pas à se modifier. Des textes précis (1) nous font connaître

(1) D. 41. t. III, liv. xvi; l. 41, t. III, l. xxxiii.

ce qui remplaça ce mode de mancipation fiduciaire. La propriété de l'objet donné en gage resta au débiteur, et le créancier gagiste n'obtint qu'un droit de rétention et une sorte de possession de l'objet remis en garantie de sa créance. Je dis une sorte de possession, car la *possessio civilis ad usucapionem* restait au débiteur.

Tant que ce dernier ne payait pas, le créancier pouvait demeurer nanti, mais n'avait pas le droit de vendre l'objet à lui remis en gage; il fallait que son débiteur lui eût formellement accordé ce droit.

On voit que par ces modifications la position du créancier est bien changée; au lieu des avantages trop considérables qui lui étaient accordés à l'origine, il a maintenant une condition peu avantageuse. Supposé qu'à l'échéance il ne soit pas payé, que lui servira d'être nanti d'un objet qui peut-être ne lui rapporte rien, d'un tableau dont il ne jouit pas, mais qu'un amateur paierait très-cher ?

Ce sont là les considérations qui ont amené les jurisconsultes à déclarer que l'on regarderait le *jus distrahendi* ou droit de vendre le gage pour le créancier non payé, comme un élément naturel du contrat de gage.

Ce ne fut pas néanmoins un élément essentiel ; c'est-à-dire que si les parties n'avaient pas convenu expressément du contraire, le créancier non payé pouvait faire vendre le gage à son profit; mais les parties pouvaient, d'un commun accord, décider qu'il en serait autrement, et que le créancier n'aurait pas ce droit. Cette excellente innovation avait pour inconvénient d'exposer le débiteur à être trop facilement dépouillé de son bien ; aussi pour pallier la rigueur du droit (1), Ulpien nous apprend-il qu'on exigea que le créancier avant d'exercer le *jus distrahendi*, prévînt son débiteur par trois sommations. Paul (2) est en complet accord sur ce point avec Ulpien, mais nous ne voyons nulle part qu'un délai fut obligatoire entre chacune de ces sommations.

On en vint dans la suite à décider que ce *jus dis re hendi* ne serait plus seulement de la nature, m de l'essence même du contrat ; si donc les parties a.aient décidé que le créancier non payé à l'échéauce ne pourrait vendre le gage, cela s'interprétait en ce sens qu'il ne pourrait le vendre saus avoir au préalable fait à son débiteur les trois sommations dont nous avons parlé.

On voit par là que le débiteur était peu favorisé, puisqu'il était souvent, par un besoin pressant mais peu considérable d'argent, dépossédé d'une action qui pouvait lui être fort utile ; d'un autre côté les *Institutes* (3) nous apprennent que le créancier gagiste ne peut, sans commettre un *furtum usûs*, faire usage de gage à lui confié ; on en arrivait donc la plupart du temps à apporter des modifications au contrat de gage, et à

<hr>

(1) D. L. 4, Livre XIII, t. 7.
(2) Pauli sententiæ, Lib. II, t. v, § 1.
(3) I. L. 4, t. I, § 6.

y ajouter tantôt un contrat de précaire, tantôt un contrat de louage : combinaisons qui auraient été inutiles si une bonne loi eût régi cette matière (1).

Le plus grand pas que fit la doctrine, ce fut l'admission de l'hypothèque ; nous savons qu'en droit romain les hypothèques pouvaient porter aussi bien sur les meubles que sur les immeubles. Ce fut le préteur qui introduisit cette innovation au moyen de laquelle le débiteur resta en possession de sa chose jusqu'à l'échéance de la dette. Cette époque étant arrivée, ou bien le débiteur payait, et, par cela même, dégrevait sa chose, ou bien il ne payait pas, et donnait ouverture à l'action du créancier pour se faire délivrer le *pignus*.

L'hypothèque ne rentre pas dans notre sujet, mais il est nécessaire que nous en disions quelques mots, ne serait-ce que pour indiquer la différence qui existe entre elle et le gage. « *Inter pignus et hypothecam tantum nominis sonus differt* », dit Marcien. Or, nous savons que le créancier gagiste peut, dès la formation du contrat, exiger que son débiteur le mette en possession de l'objet constituant le gage, tandis que le créancier hypothécaire doit attendre l'échéance de la dette pour se faire mettre en possession, au cas où il ne serait pas payé. Il résulte de cette différence un avantage considérable pour le débiteur hypothécaire, qui reste nanti de sa propre chose, et peut conférer sur

(1) D. L. 35, § 1, Livre XIII, t. vii.
D. Loi 37, Livre XLI, t. ii.

elle des hypothèques à différentes personnes. On peut donc engager hypothécairement des choses futures, sur lesquelles on ne pourrait conférer de droit de gage (1).

Je n'énumère pas les inconvénients de l'hypothèque en droit romain ; ils sont plus considérables cependant que les avantages qu'elle offre ; aussi le contrat de gage continua-t-il à être fréquemment employé à Rome, malgré les imperfections que nous avons signalées et les modifications embarrassantes qu'y apporta Justinien comme nous le verrons dans la suite, lorsque nous traiterons de la réalisation du gage.

(1) D. Loi 9, § II, Livre XIII, t. VI

FORMATION

DU

CONTRAT DE GAGE

———

Pour plus de méthode, nous traiterons en trois parties le contrat de gage : 1° la formation du contrat ; 2° les effets du contrat formé ; 3° comment prend fin le contrat de gage.

Il faut pour la formation du contrat un objet et des parties contractantes ; et de plus, comme le gage est un contrat accessoire, il faut une obligation principale. Nous parlerons de la translation de possession après avoir traité du consentement des parties.

§ I.

Le gage peut porter sur tout ce qui est dans le commerce. D. loi 9, § 1, liv. 20, t. 1, *quod emptionem venditionemque recipit.* Voilà une définition très-large et qui nous met fort à l'aise. Nous pourrions en conclure que toutes les choses mobilières, immobilières, corporelles ou incorporelles, qui ne sont pas frappées d'inaliénabilité soit par la nature elle-même, soit par une prohibition de la loi, peuvent être valablement données en gage ; mais le même auteur Gaïus, dans un autre texte Loi 238, § 2, liv. 50, t. 16, nous donne une définition bien différente : *pignus appellatur a pugno :* « *quia res quæ pignori dantur, manu traduntur. Unde etiam videri potest verum esse quod quidam putant, pignus proprie rei mobilies constitui.* » Nous pouvons rapprocher de ce texte le § 7 *de actionibus*, livre 4, aux Institutes, où Justinien nous dit qu'il y aura gage « *maxime si rei mobilis sit* ».

Ces lois ne sont certainement pas assez précises pour nous faire mettre en doute qu'on puisse donner un immeuble en gage ; ce qu'elles prouvent c'est que dans la pratique on donnait préférablement des objets mobiliers en gage. Nous en trouvons d'ailleurs l'explication dans l'origine même du droit. Comment aurait-on pu donner en gage un immeuble alors que le préteur n'accordait pas encore les interdits pour en garantir la possession ?

C'est lorsque le créancier eut une action pour recouvrer la possession qu'il pourrait avoir perdue, de l'objet à lui remis en gage, que les immeubles furent susceptibles d'un droit de gage. Nous trouvons d'ailleurs dans les textes la confirmation de notre opinion. Loi 31, D. livre 20, t. 1.

Nous avons dit que l'on pouvait donner en gage toutes choses vénales, mobilières ou immobilières, corporelles ou incorporelles. Aux termes du pur droit civil, le contrat de gage ne se formant que par la tradition réelle de l'objet, les choses incorporelles n'étaient pas susceptibles d'être remises en gage : « *Incorporales res traditionem et usucapionem non recipere manifestum est.* » D. Livre 41, t. 1. Mais le préteur créa la quasi-possession et la quasi-tradition ; dès lors les créances mêmes purent être données en gage, et la remise du titre fut l'équivalent de la remise de la chose elle-même. C'est en vertu des mêmes principes que les droits de superficie, d'emphytéose et d'usufruit purent servir de gage. Paul (D. Loi 16, § 2, livre 13, t. 7 nous le dit pour le droit de superficie; Marcien (D. loi 11, § 2, livre 20, t. 1), le dit pour le droit d'usufruit.

La nature même du droit d'usage qui est incessible, l'exclut de notre énumération ; l'usager ne peut user de la chose que par lui-même.

Mais comment résoudre la question quant aux servitudes ? Pour cela, reportons-nous aux principes, et nous y trouverons la solution que nous cherchons : les servitudes prédiales pouvaient être vendues aux enchères, les servitudes urbaines ne le pouvaient pas, concluons-en que les servitudes prédiales étaient seules susceptibles d'être données en gage. (Paul, D. loi 12, livre 20, t. 1.)

Examinons maintenant le cas où la chose d'autrui aura été donnée en gage. Et d'abord, le contrat sera valable à l'égard de tous, si le véritable propriétaire y a adhéré, même tacitement, ou s'il l'a ratifié postérieurement (D. loi 20, titre 13, t. 7) et (D. loi 16 § 1, livre 20, t. 1) ; si le propriétaire n'a donné ni consentement ni ratification, le contrat n'en vaudra pas moins entre les parties contractantes (D. loi 9, § 4, livre 13, t. 7) mais le propriétaire revendiquera sa chose entre les mains du créancier gagiste qui s'est exposé à être dépossédé. Ce dernier, s'il a su que la chose à lui remise n'appartenait pas à son débiteur, n'aura aucun recours ; s'il l'a ignoré au contraire, au moyen d'une action *pigneratitia contraria*, il se fera indemniser par son débiteur, et celui-ci, ayant sciemment livré comme sienne une chose qui ne lui appartenait pas, est de plus exposé à des poursuites criminelles pour stellionat (D. loi 16, § 1, Livre XIII, t. 7).

Si le débiteur ne devient que postérieurement au contrat de gage propriétaire de la chose, il ne pourra pas arguer contre son créancier du vice qui affectait cette chose à l'origine : les jurisconsultes donnaient dans ce cas une action utile au créancier ; mais supposons que le créancier ait su, lors de la constitution du gage, que son débiteur n'était pas le véritable propriétaire ; dans cette hypothèse lui donnerons-nous une action utile ? La question est controversée ; on se prononce plus généralement pour la négative, en se fondant sur des motifs d'équité et sur un texte de Papinien (D. loi 1, livre XX, t. 1). *In speciem alienæ rei collata conven-tione, si non fuit ei qui pignus dabat, debita, postea debitori dominio quæsito, difficilius creditori, qui non ignoraverit alienum, utilis actio dabitur : sed facilior erit possidenti retentio.*

J'avoue que ce texte me paraît un peu spécieux dans sa distinction, et peu affirmatif dans ses termes.

Pourquoi ne pas donner l'action utile à celui auquel on donne le droit de rétention ? Et puis Papinien ne dit pas, *negabitur utilis actio...* mais *difficilius da-bitur,* ce qui paraît assez ambigu. La loi 16, livre XIII, t. 7 au D. généralise le principe et ne fait aucune dis-tinction : « *Rem alienam pignori dedisti, deinde do-minus rei ejus esse cœpisti ; datur utilis actio credi-tori.* » C'est beaucoup plus judicieux, car le plus sou-vent le créancier prévoit le cas où la propriété de l'objet affecté du droit de gage passera à son débiteur. On ne peut alors l'accuser de mauvaise foi et lui re-fuser pour cela l'action utile. Ceci nous amène à l'exa-men d'une autre question controversée : que doit-il arriver si c'est l'héritier du débiteur constituant qui est propriétaire de la chose donnée en gage ? Le créancier aura-t-il une action utile ? Deux textes sont en opposition formelle ; Paul (D. loi 16, livre 13, t. 7) n'accorde au créancier l'action utile que lorsque le débiteur hérite du propriétaire de la chose

sur laquelle il avait concédé un droit de gage ;
Modestin (D. loi 22, livre XX, t. 1) l'accorde non-seulement dans ce cas, mais encore dans le cas où le
véritable propriétaire hérite du débiteur constituant.
Il ne faut voir dans cette contradiction qu'une modi-
fication de la jurisprudence ; l'insertion de l'opinion
de Modestin aux Pandectes n'est qu'une marque de
l'extension des droits du créancier gagiste.

Ce ne sont pas là d'ailleurs les seules contradictions de
textes que nous trouvons relativement à l'objet du gage.
A Rome pour éviter la longueur des procès et la multi-
plicité des contestations, on avait décidé que les objets
litigieux ne pourraient pas être vendus. Ce principe
devait avoir pour conséquence que ces mêmes objets
ne pourraient être donnés en gage. Marcien (D. Loi 1,
§ 2, livre 20, t. 3) nous confirme dans cette opinion,
et pose très-nettement ce principe ; mais un palimp-
seste de Vérone, et deux autres textes de Gaius, semblent affirmer le contraire, ou tout au moins faire
une distinction. Gaius, Commentaire IV, § 117 écrit :
« *Si fundum litigiosum sciens a non possidente
emeris, eumque a possidente petas, opponitur tibi
exceptio per quam omnimodo summoveris.* » et (D.
loi 18, livre 6, t. 1) : « *Si post acceptum judicium
possessor usu hominem cepit, debet eum tradere, eo
que nomine de dolo cavere : periculum est enim eum
vel pigneraverit vel manumiserit.* »

Il résulte implicitement, mais clairement de ces

deux citations, que les objets litigieux sont susceptibles d'être donnés en gage ; comment concilier ces deux textes avec les principes mêmes du droit romain, et la déclaration de Marcien ?

Cujas l'a fait ingénieusement en disant que la défense de constituer en gage un objet litigieux émanait du droit prétorien, et non du droit civil ; et qu'en conséquence l'acquéreur ou le créancier gagiste qui voudrait agir serait repoussé par une exception, mais ne saurait être inquiété s'il était en possession.

On a fait à cette explication une objection, c'est que Gaius vise dans la loi 18, liv. 6, t. 1, le cas où le gage est constitué par un défendeur en possession ; dans ce cas l'exception ne s'appliquait pas et il fallait donner caution *de dolo.*

On trouva donc une interprétation meilleure dans la distinction entre le demandeur et le défendeur en possession, et l'on accorda au second ce qu'on refusa au premier, le droit de consentir un gage sur l'objet litigieux. Ceci nous paraît fort judicieux, conforme aux principes d'équité naturelle, et n'est contredit par aucun texte.

§ II

Capacité des parties contractantes.

Pour former un contrat quelconque il faut l'accord de deux volontés : le consentement doit être libre comme dans tous les autres contrats, nous n'énumére-

rons donc pas les vices dont il peut être entaché.
Mais voyons quelles personnes, par leur consentement,
peuvent former un contrat de gage. En traitant de
l'objet même du gage, nous avons vu que, sous certains
rapports, on pouvait donner en gage une chose dont
on n'était pas propriétaire ; dirons-nous qu'*à fortiori*
tout propriétaire peut concéder sur sa chose un droit
de gage ? Non, car la loi protége quelquefois les indi-
vidus contre leur faiblesse : il faut être *persona quæ
jure potest obligare*.

Le pupille et le mineur en curatelle étaient incapables
de donner un droit de gage sur les biens qui leur
appartenaient ; mais ils pouvaient rendre leur condition meilleure, et par conséquent acquérir un droit
de gage. Une phrase un peu vague de Modestin semblerait dire le contraire : « *Pupillo capienti pignus,
propter metum pignoratitiæ actionis, necessaria est
tutoris auctoritas.* » Cela signifie que, pour que le mineur fût assujetti à l'*actio pignoratitia*, l'*auctoritas
tutoris* lui était nécessaire. Si le débiteur avait l'im-
prudence de ne pas exiger cette précaution, le pupille
acquérait le gage, mais n'encourait aucune responsabilité. Si le pupille ou le mineur traitant sans autorisation accordaient à un créancier un droit de gage, le
contrat n'avait aucune valeur.

Le tuteur ou le curateur qui *negotia gerit* pouvait
donner en gage le bien qu'il administrait, mais seule
ment dans l'intérêt du pupille ou du mineur (D. loi 1,

§ 2, livre 27, t. 9). Il s'exposait à une grave responsabilité s'il agissait ainsi dans un but purement personnel.

L'esclave et le fils de famille qui avaient un pécule pouvaient (D. loi 18. § 4, livre 13, t. 7) l'administrer librement. Il leur était donc permis de donner ou de recevoir des gages *pro peculiari nomine*.

Si le créancier était déjà détenteur de la chose, le débiteur pouvait le constituer gagiste au moyen d'un *nuntius* ou d'une simple lettre missive (D. loi 23, § 1, livre 20, t. 1). Pour que le contrat soit parfait, le consentement seul ne suffit pas ; le gage est un contrat qui se forme *re*, c'est-à-dire qu'il n'est parfait qu'autant que le fait d'une tradition vient se joindre à l'accord des volontés.

Cette tradition peut s'opérer de toutes façons ; elle peut être réelle ou feinte ; nous avons vu à l'occasion des choses incorporelles que le droit prétorien avait donné une grande extension aux modes de tradition ; il assimilait la tolérance de l'exercice du droit *(usus et patientia)* à la possession même ; on put donc vendre et donner en gage toutes choses qui n'étaient pas susceptibles de tradition réelle.

§ III

Nous venons de voir le contrat de gage se former ; mais il ne faut pas oublier qu'il n'est qu'un contrat ac-

cessoire et que sa validité est subordonnée à celle
du contrat principal. Mais ce qu'il faut surtout remarquer, c'est que le gage peut valablement garantir un
contrat qui à lui seul ne serait pas efficace; Marcien
(D. loi 5 pr., livre 20, t. 1) nous dit : « *Res hypothecæ
dari posse sciendum est... vel pro civili obligatione
vel honorariâ, vel tantùm naturali.* » Ce qu'il dit
d'une façon générale de l'hypothèque doit s'appliquer
au gage; nous en conclurons qu'une obligation pré-
torienne peut être garantie par un gage, et surtout, ce
qui offre au créancier un avantage considérable, que
le gage peut garantir une simple obligation naturelle.

Le même texte nous apprend que les obligations
conditionnelles peuvent être garanties par un gage; si
la condition se'on qu'elle est suspensive ou résolutoire
arrive ou n'arrive pas, le contrat principal n'ayant pas
eu d'effets, le gage n'en aura pas eu ; si, au contraire,
il résulte de l'accomplissement ou du non-accomplisse-
ment de la condition que le contrat principal a produit son effet, le gage aura produit le sien ; il faudra
pour cela que le créancier gagiste ait été mis en possession dès l'époque de la formation du contrat principal.

On s'est demandé si, l'action résultant du contrat
principal étant suspendue par une *perpetua exceptio,*
ce contrat pourra être valablement garanti par un
gage ? Citons à titre d'exemple le sénatus-consulte ma-
cédonien qui n'empêche pas aux fils de famille de s'o-

bliger, mais créé à leur profit une *exceptio perpetua* à laquelle ils ne peuvent renoncer tant qu'ils restent dans la condition de fils de famille ; dans ce cas le fils de famille ne pourra livrer un gage pour garantir son obligation, ce serait éluder la loi ; mais un tiers capable peut intervenir et garantir en donnant pour gage sa propre chose, l'obligation du fils de famille. Ce contrat produira tous ses effets à l'égard du créancier gagiste ; si plus tard le tiers intervenant veut agir contre le fils de famille, il n'aura contre lui aucune action ; mais une obligation naturelle est née à son profit, et si le fils de famille devenu capable l'a indemnisé, il n'y aura pas lieu à la répétition de l'indu.

EFFETS DU CONTRAT DE GAGE

Le premier effet du contrat de gage est de rendre la créance indivisible. L'*actio pigneratitia directa* ne sera donnée au débiteur pour obtenir la restitution de son bien que lorsqu'il aura payé intégralement sa dette ; tant qu'il restera dû quelque chose, le créancier pourra garder la sûreté qu'on lui a remise, et vendra à l'échéance l'objet donné en gage pour l'acquittement du reliquat de la dette quelque minime qu'il soit. Ce point ne souffre aucune difficulté (D. loi 9 § 3, livre 13, t. 7).

Mais nous savons qu'un principe de droit établit que les créances et les dettes se divisent de plein droit entre les cohéritiers ; que se passera-t-il donc si le débiteur ou le créancier gagistes viennent à mourir ? En cas de mort du débiteur, chacun de ses héritiers ne pourra exercer l'*actio pigneratitia* que lorsque le créancier gagiste aura été complétement désintéressé ; quand même l'objet du gage serait divisible et livrable en plusieurs parties, celui des héritiers qui a payé sa pàrt des dettes ne saurait réclamer la part proportionnelle du gage qui pourrait lui être attribuée (D. Loi 11, § 4, livre 13, t. 7 et C. Loi 16, livre 8, t. 28); tant que le gage n'a pas été dégrevé complétement, le créancier garde son droit de rétention pour le tout : la mort de son débiteur ne saurait lui nuire.

En cas de mort du créancier, la même chose se passe ; tant que tous les cohéritiers du créancier ne sont pas payés, celui qui n'a pas été désintéressé conserve tout le gage pour sûreté de la partie de créance qui lui est échue ; la loi 65, livre 21, t. 2 D. le dit très-clairement et les empereurs Valérien et Gallien (C. Loi 1, livre 8, t. 33) ne sont pas moins affirmatifs.

Mais une loi d'Ulpien (D, loi 16, § 4, Livre 13, t. 7) semble contredire formellement ces textes. Le jurisconsulte suppose qu'après la mort du créancier gagiste, l'un des cohéritiers a été payé seul ; les autres non payés pourront faire vendre « *totum fundum, oblato debitori eo quod coheredi eorum solvit* ». Cette dernière phrase semble contraire à tous les principes qui régissent notre matière, et spécialement aux deux lois dont nous parlions plus haut : on a donné comme explication qu'Ulpien visait le cas où dans l'ancien droit le gage se constituait par la mancipation et les contrats de fiducie : pour nous, les textes restent inconciliables.

L'intérêt du créancier gagiste est d'être nanti et de rester en possession de son gage. S'il n'a été mis en possession, il s'y fera mettre au moyen de l'action *quasi-servienne* ; mais nous ne devons pas perdre de vue la procédure romaine : si le défendeur n'accède pas à l'arbitrage du juge, c'est une simple condamnation pécuniaire qui sera prononcée contre lui.

Dès lors qu'il est en possession, le créancier gagiste s'y maintient au moyen des interdits *uti possidetis* et *unde vi* si son gage est un immeuble, *utrubi* si c'est un meuble.

Quand l'échéance n'est pas arrivée le créancier reste nanti, mais il ne peut ni vendre la chose ni l'usucaper; il en jouira suivant la convention qui est intervenue entre lui et son débiteur, et s'il n'y a pas de prohibition résultant du traité, il peut la louer sous sa responsabilité, il peut même, ce qui arrivait souvent, sans perdre son droit de rétention, la louer au propriétaire débiteur, ou la lui concéder à précaire (D. Loi 16, § 1, Livre 43, t. 26).

Le créancier a même le droit de donner à un autre en gage la chose qu'il a reçue au même titre : c'est le cas de *sub pignus* (D. loi 13, § 2, Livre 20, t. 1). Mais le second contrat est subordonné à la validité du premier, et le créancier gagiste n'a pu conférer à son propre créancier plus de droits qu'il n'en a à lui-même. Quand la première dette sera payée, les droits du second créancier s'évanouiront.

Il est bon d'ajouter que le créancier sous-gagiste aux termes de la loi 20, Livre 20, t. 1 D., a une action utile pour contraindre le premier détenteur à payer entre ses mains son prix jusqu'à concurrence de la somme qui lui est due : c'est une espèce de délégation présumée du gagiste au sous-gagiste.

Une loi d'Ulpien (D. loi 27, Livre 13, t. 7), semble nous dire que dans le cas de *sub pignus*, le débiteur qui a payé a une action pour contraindre le créancier gagiste à libérer l'objet qu'il a lui-même donné en gage. Mais l'espèce visée par ce texte n'a pas de rapport à notre sujet : Ulpien suppose qu'une personne remet un objet précieux à un tiers pour que celui-ci l'engage chez un banquier ; en réalité le tiers est mandataire et non créancier gagiste.

Jusqu'à parfait paiement, le créancier gagiste, avons-nous dit, jouit d'un droit de rétention. Un rescrit de Gordien (C. Livre 8, t. 27, loi unique) dit qu'il n'y aura parfait paiement dans notre sens que lorsque le débiteur se sera acquitté de tout ce qu'il devait au créancier, même des sommes à la sûreté desquelles le gage n'avait pas été primitivement affecté. Je vous emprunte 500 solides et vous donne en gage le fonds Cornélien, puis un mois plus tard je vous emprunte encore 500 solides, mais cette fois sans rien engager ; je ne libérerai le fonds Cornélien qu'en payant mille solides ; jusque là, si je réclame le fonds Cornélien, je serai repoussé par l'exception de dol.

Les auteurs expliquent différemment cette importante

décision, les uns disent que c'est une saisie-arrêt que le créancier gagiste est autorisé à faire entre ses propres mains, les autres que c'est une présomption de l'intention des parties. C'est à cette dernière opinion que nous sommes le plus portés à nous ranger.

En effet une loi d'Ulpien (D. loi 11, § 3, Livre 13, t. 7) nous enseigne que si le gage a été donné pour le capital et non pour les intérêts ou bien pour les intérêts et non pour le capital, lorsque, suivant le cas, le capital seul où les intérêts seuls auront été payés, le gage sera de plein droit libéré.

Je ne vois à cette décision d'autre explication que celle-ci, qui est celle de Cujas : c'est que les parties peuvent par une clause formelle contrevenir au rescrit de Gordien et qu'elles l'auront fait dans notre hypothèse.

Nous traiterons du droit de vente lorsque nous supposerons dans la troisième partie l'échéance arrivée et le créancier non payé. Voyons quels sont les devoirs du créancier gagiste. Il doit à la conservation de la chose les soins d'un père de famille diligent (D. loi 14, Livre 13, t. 7). Si les parties ont déterminé dans leur convention le genre de soins que le créancier sera obligé d'apporter à la conservation du gage, cette convention fera loi entre les parties, mais si aucune convention spéciale n'a réglé les devoirs des contractants quelle sera la responsabilité du créancier gagiste? Nous ne reprendrons pas l'étude de la théorie des fautes, et tous les systèmes qui ont été proposés. On accepte aujourd'hui presque partout le système du professeur Hasse de la faculté de Kœnigsberg, c'est donc celui-là que nous adopterons. Ne parlant que de la *culpa in omittendo*, on distingue entre la *culpa lata* et la *culpa levis*. La *culpa lata* est assimilée au dol, et la *culpa levis* se divise en *culpa levis in concreto* ou *in abstracto*. Je n'ai pas ici à développer ce système que je ne rappelle que pour mémoire. Répondre de sa faute *in abstracto* c'est répondre des soins que doit apporter un homme soigneux en général: au contraire, la faute considérée *in concreto*, c'est l'omission des soins que le débiteur lui-même apporte habituellement dans ses propres affaires.

La loi 23 D. Livre 50, t. 17 assimile le créancier gagiste au vendeur et au commodataire; or ceux-ci rentrent dans la classe de ceux qui, ne rendant pas un service purement gratuit, sont responsables de leur faute considérée *in abstracto*.

Ce système est généralement adopté, mais il est bien entendu que si le créancier gagiste payé par son débiteur est mis en demeure de restituer la chose, sa responsabilité augmentera, et qu'il sera responsable des accidents arrivés même par force majeure, s'il ne peut démontrer que ces accidents se seraient produits alors même que la chose se fût trouvée entre les mains du revendiquant. Il a cessé, en effet, d'être créancier-gagiste pour devenir débiteur en demeure.

Le créancier-gagiste doit donc apporter des soins à la conservation de la chose, et faire pour cela les dé-penses qui sont nécessaires ; il sera remboursé à l'é-chéance par son débiteur ; il a, dans ce but, non-seulement un droit de rétention, mais une action *pigneratitia contraria* (D. Loi 8 1er livre 13, t. 7).

Les fruits ou produits du gage sont acquis au créancier-gagiste qui en tient compte à son débiteur jusqu'à concurrence des intérêts légaux de sa créance. (C. Lois 1, 3, 12, livre 4, t. 24).

Ce résultat se produit alors même que la créance est née d'un *mutuum* et que le créancier n'a pas droit aux intérêts (D. Loi 8, livre 20, t. 1). Paul nous dit en effet :

« *Cum debitor gratuita utatur pecunia, potest creditor de fructibus rei sibi pignoratæ ad modum legitimum usuras retinere.* »

Si le gage s'améliore ou se détériore fortuitement, les améliorations ou les détériorations profiteront ou nuiront au créancier et au débiteur gagistes ; en effet, l'un conservera la chose, l'autre la reprendra après paiement, avec les modifications survenues.

A l'échéance de la dette, il se peut que le créancier n'ait pas été payé ; le non-paiement donne ouverture au droit de vente. Nous connaissons sur ce point les fluctuations de la jurisprudence romaine. En cas de paiement partiel, dès la dernière échéance, le créancier non payé a le droit de vendre, à la condition de se conformer aux lois qui régissent la matière. Bien plus, le créancier non payé pouvait après l'échéance être contraint à vendre.

Le droit de vente, à l'époque de la jurisprudence classique fut considéré comme de l'essence du gage, mais on l'entoura de formalités rigoureuses, pour que le créancier ne pût abuser de la situation souvent intéressante d'un débiteur malheureux.

On exigea (*Pauli Sent.*, liv. 2, t. 5, § 1) que le débiteur fût prévenu par trois sommations. Les parties contractantes pouvaient contrevenir par un commun accord aux prescriptions de la loi. Justinien (C. loi 3, § 1, livre 8, t. 34) modifia ces principes ; s'il n'est intervenu aucune convention modificative, *licentia dabitur fœneratori ex denuntiatione, vel ex judiciali sententia, post biennium ex quo attestatio missa, vel sententia prolata est, numerandum, eam vendere.* Une seule sommation est donc nécessaire, mais il faut que le créancier attende deux années avant d'exercer son droit de vente. Après quoi il devra (C. loi 9 ; livre 8, t. 38) : « *Bonâ fide et solemniter vendere.* »

On voulait surtout éviter la fraude, et la loi se montra sévère (*Pauli Sent.* loi 2, t. 13, § 4), en défendant au créancier de se porter adjudicataire. Mais comme cette mesure pouvait nuire aux intérêts des deux parties, on décidait que si aucun acheteur solvable ne se présentait, au moyen d'une *proscriptio publica*, le créancier aurait le droit d'acquérir le gage ; dans ce cas, le débiteur avait un délai d'un an pour

payer au créancier son prix et exercer le retrait.
Sous Justinien, cette *proscriptio publica* fut abolie, et
remplacée par une nouvelle sommation du créancier
au débiteur ; si cette sommation restait sans résultat,
le prince adjugeait le gage au créancier.

C'était une *datio in solutum*, qui donnait au créancier l'*actio ex empto* contre son débiteur dans le cas où
ce dernier n'était pas propriétaire de l'objet qu'il avait
donné en gage.

Pour éviter toutes ces complications les parties
avaient l'habitude de convenir en constituant le gage,
qu'en cas de non-paiement à l'échéance, la propriété
passerait de plein droit du débiteur au créancier. Ce
pacte, appelé *pacte commissoire*, était des plus dangereux ; le débiteur était à la merci de son créancier, et
ne comprenait jamais la gravité de son engagement ;
dans tous les cas la nécessité le contraignait à en passer
par toutes les exigences de son créancier. On pratiqua
généralement ce pacte jusqu'à Constantin, mais ce
prince le déclara immoral, et par une constitution in-
sérée au Code (C. loi 3, livre 8. t. 35) le prohiba formellement.

Mais à l'échéance, lorsque le droit de vente est ou-
vert au profit du créancier, rien n'empêche qu'une
transaction intervienne et que le débiteur, comme nous
l'avons dit plus haut, n'abandonne à son créancier la
propriété de la chose à titre de *datio in solutum*. En
effet, à cette époque les motifs qui ont édicté la prohibition n'existent plus.

Supposons que le créancier non payé ait exercé son droit de vente, et que l'acheteur ait payé un prix supérieur à la somme due ; l'excédant du prix devra être remis sans aucun doute au débiteur (D. loi 6, § 1, l. 13, t. 7).

Mais le créancier devra-t-il tenir compte à son ex-débiteur des intérêts de cet excédant à compter du jour où il l'a touché? Nous nous trouvons ici en présence de plusieurs textes contradictoires. Papinien et Modestin, généralisant la question (D. loi 42, livre 13, t. 7 ; loi 40, livre 22, t. 1), décident que le créancier devra payer les intérêts de cet excédant *ex eo die quo creditor pignora distraxit* ; mais Pomponius (D. loi 6, livre 13, t. 7) fait une distinction qui nous paraît plus judicieuse et dit que le créancier ne devra ces intérêts que s'il les a touchés lui-même, et s'il a utilisé la somme que l'acheteur lui a remise. En effet, sa position vis-à-vis du débiteur n'est pas autre que celle d'un dépositaire ordinaire.

Le créancier vend le gage à ses risques et périls, c'est-à-dire qu'il est à l'égard de son débiteur responsable de la solvabilité de l'acheteur. Si donc, l'acheteur n'a pas payé l'excédant du prix qui doit revenir au débiteur, ce dernier a un recours contre le créancier, et de plus il pourra se faire céder par lui ses actions contre l'acheteur; mais le créancier en lui cédant ses actions ne saurait se libérer de sa responsabilité personnelle. Voilà la conclusion que nous pouvons tirer de la combinaison de deux textes : d'une loi d'Ulpien (D. loi 24, § 2, liv. 13, t. 7) et d'une loi de Papinien (D. loi 42, l. 13, t. 7). En un mot, le créancier pourra, et devra déléguer son débiteur, mais cette délégation n'emportera pas novation et le créancier sera personnellement responsable de la solvabilité de l'acheteur.

Du principe que le créancier gagiste ne peut profiter d'aucun gain provenant de la chose, et doit imputer tout sur ce qui lui est dû, certains auteurs ont tiré la conséquence que si le débiteur a commis le *furtum usus* il doit se trouver impuni. En effet, le créancier gagiste devra lui rendre ce qu'il aura obtenu de lui au moyen de l'*actio furti* ou de la *condictio furtiva*. Mais Ulpien (D. loi 22, livre 13, t. 7), reproduisant l'opinion de Papinien, reconnaît que cette solution serait injuste et dit que le créancier conservera pour lui ce qu'il aura obtenu de son débiteur coupable de *furtum usus*.

Le créancier étant, comme nous l'avons dit, responsable de sa faute, devra indemniser son débiteur s'il a laissé le gage se détériorer ; mais comme les détériorations ne sont pas toutes appréciables au moment même de la restitution, il devra donner à son débiteur une caution *de dolo* qui sera utile par exemple dans le cas où le créancier aura laissé des servitudes s'éteindre par le non-usage (D. loi 15, livre 13, t. 7).

Après avoir examiné les droits et les devoirs du

créancier gagiste, nous arrivons au débiteur : il est inutile de dire que tout ce que nous avons cité comme obligation incombant au créancier a pour corrélatif le droit du débiteur : ainsi le créancier doit soigner le gage qui lui a été remis ; le débiteur a droit aux soins etc....... Le débiteur est en quelque sorte propriétaire conditionnel de sa propre chose ; propriétaire sous la condition qu'il paiera la somme due à l'échéance. Il peut donc librement concéder à des tiers toute espèce de droits, si ces droits ne portent aucun préjudice au créancier gagiste (D. loi 18, § 2, L. 13, t. 7) (D. 1. 57, L. 30). Mais à l'échéance, si le débiteur n'a pas payé, le gage sera vendu, sans que l'on tienne compte des droits qu'il a pu concéder depuis que le créancier a été mis en possession.

Si le créancier s'est laissé par faiblesse ou par ignorance déposséder de son gage, le débiteur, qui en réalité est toujours propriétaire, jouira de l'action en revendication.

Le débiteur doit mettre son créancier en possession du gage ; nous avons étudié ce point au sujet de la formation du contrat. Nous savons aussi que lorsque le créancier possède en vertu de son droit de rétention et que le débiteur reprend injustement sa chose, il commet un *furtum usus* qui entraînera contre lui une condamnation pécuniaire (D. loi 22, L. 13, t. 7) au profit de son créancier. Africain nous apprend (D. loi 31, L. 13, t. 7) que si le débiteur a remis sciemment une

chose vicieuse, il est responsable de son dol ; si par
exemple il a livré un cheval qu'il savait morveux.

Le créancier a droit, disions-nous, à se faire rembourser tous les frais qu'il a faits pour la conservation
de la chose, ou pour en faciliter la vente ; point de
difficulté sur ce point : mais on s'est demandé si le
créancier ayant consenti à l'acheteur la *stipulatio duplæ*
pour le cas d'éviction, et l'éviction ayant eu lieu, le créancier pourra réclamer de son débiteur la somme qu'il
aura dû payer à l'acheteur, c'est à-dire le double de la
valeur du gage. Ulpien répond à cette question (D. loi 22,
§ 4, L. 13, t. 7) par une distinction : ce recours lui sera
accordé s'il est prouvé que cette stipulation était nécessaire pour obtenir de l'objet le prix auquel il avait
été vendu ; or, en fait, cela doit se résoudre généralement par une affirmation, car l'éviction qui est survenue
est la preuve même que la précaution de la *stipulatio
duplæ*, était nécessaire, et devait être exigée. En ré-
sumé, le créancier qui aura payé à l'acheteur évincé le
double du prix par suite de la *stipulatio duplæ* n'aura
pas recours pour le double contre son débiteur dans le
cas seulement où cette stipulation n'aurait pas été
exigée par l'acheteur.

DES ACTIONS QUI RÉSULTENT DU CONTRAT DE GAGE, ET DE L'EXTINCTION DU GAGE

§ I

Avant d'énumérer les causes qui mettent fin au contrat de gage, nous devons parler des actions qui résultent de ce contrat. Le créancier gagiste n'eût pendant un long temps aucune action pour se faire mettre en possession de son gage, en un mot, pour être nanti. Mais lorsque le créancier hypothécaire eut l'*action quasi-servienne* pour se faire mettre en possession à l'échéance, la position du créancier gagiste s'améliora, et il put jouir de cette même action pour se faire mettre en possession dès que le contrat fut formé.

Il est vrai que le débiteur condamné pouvait ne pas satisfaire à l'*arbitrium* du juge, et que dans ce cas la condamnation devenait une simple condamnation pécuniaire; mais c'était une garantie largement suffisante, car cette condamnation était égale au montant de la dette. Le créancier gagiste n'eut donc plus rien à ap-

préhender de ce côté. D'autre part le préteur le pro-
tégea d'une manière très-efficace dans sa possession,
en lui attribuant le bénéfice des interdits ordinaires :
et si son droit de gage portait sur un immeuble, le
créancier troublé dans sa possession jouissait de l'interdit *uti possidetis*, dépossédé violemment, il jouissait de l'intérêt *unde vi*. Si le droit de gage portait
sur un meuble, l'interdit *utrubi* venait à son se-
cours.

Quant au débiteur, en fait il est resté propriétaire,
il peut donc agir par l'action en revendication contre
celui qui aurait pris la chose des mains de son créancier.

En prenant fin le contrat de gage donnera ouverture
aux actions *pigneratitia directa* et *pigneratitia contraria*. Ce sont deux actions personnelles, dont l'une
(*pigneratitia directa*) compète au débiteur libéré pour
se faire restituer le gage, l'autre (*pigneratitia contraria*) au créancier pour se faire indemniser par le débiteur de toutes les dépenses qu'aura occasionnées l'objet
remis en gage. Nous relèverons ici une contradiction
qui n'est qu'apparente entre deux textes l'un d'Ulpien
l'autre de Marcien. Nous supposerons que le créancier
gagiste non payé vende l'objet qui lui a été remis en
gage, mais stipule la résiliation du contrat de vente
dans le cas où le débiteur viendrait à payer: Marcien
(D. dans la loi 7, livre 20, t. 5) nous dit que dans ce cas le
débiteur au moyen de son action *pigneratitia directa*
se fera céder par son créancier l'action *venditi* contre

l'acquéreur ; Ulpien (D. loi 13, livre 13, t. 7), tout en reconnaissant juste cette solution, donne au débiteur une autre alternative, *aut rem vindicare poterit ;* on pourrait conclure de ces mots que le débiteur pourra directement agir en revendication contre le tiers acquéreur. Mais ce serait contraire aux autres textes, et nous trouvons une explication très-naturelle tirée des principes mêmes du droit professés par Ulpien. Suivant ce jurisconsulte l'arrivée de la condition résolutoire anéantit *ipso jure* les droits du tiers acquéreur. On comprend que dans ce cas l'action en revendication peut être exercée. Une loi 4, livre 4, t. 24 au Code nous apprend que si le créancier et le débiteur ont convenu qu'en cas de non-paiement à l'echéance le gage serait vendu, l'arrivée du terme n'enlèvera pas au débiteur son action (*non adimit debitori pigneratitiam actionem*). En effet tant que sa chose n'a pas été vendue le débiteur peut la dégager en payant.

Nous avons indiqué l'époque à laquelle prend naissance l'action *pigneratitia directa*, c'est après le désintéressement du créancier ; le plus souvent le gage s'éteint avec la dette elle-même; mais il y a beaucoup d'autres modes d'extinction comme nous le verrons dans la suite. Ainsi, par exemple, il est permis au créancier de renoncer à son gage ; il peut se faire aussi qu'une convention nouvelle soit intervenue entre le créancier et le débiteur fournissant d'autres suretés au créancier. D'autre part, les fruits que le créancier a retirés de l'objet qui lui a été remis en gage ont pu suffire à le désintéresser, alors le débiteur peut user de l'action *pigneratitia directa*. (C. Loi 3, livre 4, t. 24 et, le contrat de gage étant un contrat de bonne foi, le créancier est censé retirer de la chose tout le profit qu'un père de famille diligent en aurait retiré.

L'abus de jouissance de la part du créancier, ou le manque de soins apportés à la conservation de la chose suffisent-ils pour donner ouverture à l'action *pigneratitia directa* ? Je ne crois pas qu'il soit permis de tirer cette conséquence d'un texte d'Ulpien (D. loi 24, § 3, livre 13, t. 7) qui ne s'occupe que d'une hypothèse particulière, celle où l'esclave donnée en gage aurait été prostituée par le créancier.

C'est encore au moyen de l'action *pigneratitia directa* que le débiteur réclame de son créancier le reliquat du prix de vente avec les intérêts si le créancier a placé ou utilisé le prix. C'est là ce que nous dit Papinien (D. loi 54 pr., livre 47, t. 2).

L'action *pigneratitia contraria* est donnée au créancier contre le débiteur pour se faire indemniser de toutes les dépenses qu'il a faites pour la conservation de la chose constituée en gage. Ces dépenses ne sont pas déterminées par la loi ; nous n'en trouvons nulle part l'énumération, mais il est bien certain que si le créancier a entrepris des embellissements ou même des améliorations trop coûteuses, il ne pourra exiger de son débiteur qu'il lui rembourse ses frais. Nous tirons cette solution par argument *a contrario* de la loi 25, D. livre 13, t. 7.

Le créancier exercera encore son action *pigneratitia contraria*, s'il a éprouvé un préjudice imputable à celui qui lui a donné la chose en gage ; par exemple si le débiteur lui a remis sciemment un cheval atteint de la morve ; et enfin, c'est au moyen de cette même action qu'il poursuivra le débiteur si celui-ci lui a donné en gage une *res aliena* ou une chose déjà hypothéquée (D. lois 8 et 31, livre 13, t. 7).

§ II

Toutes les causes qui éteignent l'obligation principale éteignent aussi par voie de conséquence le gage qui n'en est que l'accessoire ; le gage survivra s'il subsiste une obligation naturelle. Mais il y a aussi des causes d'extinction du gage, sans qu'il y ait extinction de l'obligation principale.

La perte de la chose doit forcément éteindre le droit de gage ; cela ne fait aucun doute si la chose est complétement détruite ; si, par exemple, j'ai donné en gage une maison, et qu'un incendie l'ait anéantie ; mais s'il reste une aile du bâtiment épargnée par les flammes, mon créancier conservera son droit sur tout ce qui reste, *in omne quod superest* ; Paul (D. loi 29, livre 20, t. 1) va beaucoup plus loin et décide que la maison reconstruite sur l'emplacement de celle qui après avoir été donnée en gage a brûlé, sera encore *ipso jure* affectée au gage du créancier. Et son raisonnement est très-judicieux; la superficie suit la condition du sol qui n'a jamais cessé d'être affecté d'un droit de gage. Mais il ne faut pas perdre de vue que si l'édifice avait été reconstruit par des possesseurs de bonne foi, ceux-ci ne seraient pas expulsés sans que le créancier-gagiste leur ait payé le prix de la construction, au moins jusqu'à concurrence de la plus-value.

La transformation éteint-elle le gage? Voilà une question plus difficile à résoudre, et dont la solution sera soumise à l'appréciation du juge. On peut cependant décider qu'une transformation insignifiante laisse subsister le droit de gage, mais qu'une transformation totale et telle qu'on ne puisse reconnaître la forme primitive de l'objet, l'éteint. (D. loi 18, § 3, livre 13, t. 7). Ainsi j'engage une forêt, on coupe les futaies pour construire des marines, le gage ne portera pas sur les vaisseaux faits avec le bois de la forêt. Il faudrait pour qu'il en fût autrement que les contractants eussent pris soin de déclarer que le gage porterait non-seulement sur la forêt, mais encore sur tout ce qui serait confectionné avec le bois en provenant.

Le gage s'éteint lorsqu'une condition résolutoire éteint les droits du constituant. Mais pour arriver à ce résultat il faut se rappeler la doctrine que professait Ulpien et dont nous avons déjà parlé, au sujet de la condition résolutoire.

Avant que cette doctrine fût généralement admise, le propriétaire n'avait contre son acquéreur qu'une *actio in factum prescriptis verbis*, action personnelle qui ne pouvait atteindre les sous-acquéreurs ou ceux qui auraient acquis des droits sur la chose.

La renonciation du créancier est encore un mode d'extinction du gage (D. loi 9, § 3, l. 13, t. 7) et (loi 4, § 1, l. 20, t. 6) et nous voyons que cette renonciation peut même être tacite ; on la supposait quand le créancier permettait au débiteur d'aliéner l'objet. Pour pouvoir renoncer à son droit de gage, il fallait être capable. Supposons que le gage ait été constitué par plusieurs débiteurs, la remise faite à l'un d'eux ne profitera pas à tous. Il faut bien se garder ici de confondre deux hypothèses qu'on a souvent confondues sans raison, et qui ne peuvent servir qu'à un simple rapprochement. L'hypothèse prévue par Paul (D. loi 12, liv. 20, t. 6) n'en est pas moins curieuse et se rapporte à notre question. Le jurisconsulte suppose deux créanciers gagistes ; le plus ancien, Sempronius, permet au débiteur d'engager la chose à un troisième créancier. Le second créancier qui n'est pas intervenu au contrat aura une position meilleure, car Sempronius n'a pas subrogé le troisième créancier à ses droits, il a simplement fait remise de son droit de gage, et le second créancier va par ce fait devenir le premier créancier-gagiste.

Toutes les fois qu'une obligation naturelle subsistait, elle pouvait valablement être garantie par un

gage. Mais voici une question des plus controversées :
quand l'obligation principale est éteinte par la prescription, une obligation naturelle subsiste-t-elle ? Oui,
répondrons-nous, car une constitution de Justin, étend
à quarante ans la prescription du droit de gage. Or
cette constitution serait inutile et inexplicable si nous
décidions que la prescription éteint l'obligation sans
la laisser subsister à titre naturel. Je sais que de
nombreux textes sont en contradiction avec l'opinion
que nous venons d'émettre : entre autres la loi 25, § 1
(D. livre 46, t. 8), fournit un solide argument aux
auteurs qui soutiennent l'obligation naturelle éteinte
par prescription. Mais nous traitons de la matière du
gage, et c'est dans les textes affectés à notre sujet que
nous cherchons notre solution ; pour expliquer la constitution de Justin nous devons reconnaître qu'une
obligation naturelle survit à une obligation civile
éteinte par prescription.

Si le serment déféré a été prêté ou bien si l'absolu-
tion a été prononcée (D. loi 13, livre 20, t. 6), l'obligation principale est complétement éteinte, et par
conséquent le droit de gage s'évanouit avec elle.

Il nous reste une question très-importante à examiner. Le gage n'est pas susceptible d'être acquis par
prescription, et nous avons dit que la possession du
créancier-gagiste était une possession *sui generis* qui
ne pouvait conduire à l'usucapion. Mais le créancier-
gagiste qui a été payé et n'a pas restitué le gage peut-

il être indéfiniment menacé de *l'actio pigneratitia directa* ; en un mot ne pourra-t-il se soustraire à cette action au moyen d'une prescription libératoire ?

Deux lois (10 et 12, l. 4, t. 24) déclarent formellement que les créanciers ou leurs ayant-cause ne pourront se prévaloir de la prescription contre leurs débiteurs réclamant les choses qu'ils ont autrefois données en gage. Mais on a tiré contre cette opinion un argument de la même loi 10 et de ces mots : « *Si originem rei probare potes, adversario tenente, vindicare dominium debes.* » on a induit qu'il ne s'agit pas de l'action *pigneratitia directa*, mais d'une action en revendication et que le débiteur doit fournir la preuve de sa propriété. Mais le texte est-il bien clairement expliqué ainsi, et les mots *originem rei* qui généralement sont traduits *par l'origine de la propriété*, ne veulent-ils pas simplement dire que l'objet réclamé est bien celui qui a été donné en gage ? Les auteurs qui admettent une prescription libératoire de la *pigneratitia directa*, ne s'accordent pas sur le point de départ de cette prescription. Si nous nous rangions à cette opinion, le système qui nous semblerait le plus logique serait celui qui ferait commencer la prescription à la naissance de l'action *pigneratitia*, c'est-à-dire à la libération du gage, quelque favorable qu'il soit au débiteur. Mais nous nous reportons aux textes et la loi 12 en parlant du créancier se termine par ces mots : « *Nullo spatio longi temporis deffenditur.* »

DU GAGE

DROIT CIVIL

Sans négliger pour cela l'étude du gage civil, nous nous réservons de traiter avec plus de détails les questions qui ont trait au gage commercial. Nos efforts tendront à synthétiser et à réunir le plus complétement possible dans un cadre étroit les prescriptions de la loi et les questions délicates tirées d'un examen approfondi du Code civil.

Tous les peuples ont connu et pratiqué le contrat de gage auquel ils ont donné une importance proportionnelle à l'étendue de leurs rapports commerciaux. Le Deutéronome permettait aux Hébreux de prêter et d'emprunter sur gage, n'établissant d'autre prohibition que la défense d'engager les objets de première nécessité.

Les Grecs non-seulement pratiquèrent, mais encore

perfectionnèrent les contrats de nantissement, comme nous l'indique l'étymologie des mots hypothèque et antichrèse. La première partie de cette dissertation a été consacrée à l'exposition de la jurisprudence romaine sur ce sujet. Il ne nous reste donc plus, avant d'aborder l'étude de la législation actuelle, qu'à jeter un coup d'œil rapide sur les développements qu'ont pris dans notre pays les contrats de nantissement. Le Bréviaire d'Alaric, le Papien, lo Code des Lombards s'accordent à nous montrer les Barbares adoptant après l'invasion les lois romaines, mais ne pratiquant pas celles qui leur paraissaient les plus compliquées. C'est ainsi qu'ils ne purent comprendre les principes de l'hypothèque, et qu'ils acceptèrent dans leur intégrité les lois régissant le gage et l'antichrèse.

Au moyen-âge le gage fut interdit par le droit canonique, et nous trouvons là l'explication des fortunes considérables et du développement particulièrement financier de l'esprit des Juifs. Non-seulement le prêt à intérêt mais encore l'antichrèse était défendue aux catholiques par les Décrétales. Tout ce qui leur était permis c'était de prêter sur gage immobilier sans intérêt, et en déduisant du capital prêté les fruits perçus sur la chose engagée. C'est ce qu'on appelait *vif gage;* par opposition au *mort gage* que le droit canonique prohibait et que nous autorisons sous le nom d'antichrèse. Il est inutile de montrer combien le *vif gage* était peu pratique ; mais il était une déduction du principe re-

ligieux : « *Mutuum date, nihil inde sperantes* », principe assurément fort moral, mais qui n'était guère destiné à faire prospérer un pays.

La fortune mobilière était si peu de chose au moyen
âge (*vilis mobilium possessio*), disait-on, que longtemps
on se contenta des règlements canoniques. Un che-
valier partait pour la Terre-Sainte, et, afin de pourvoir
à son équipement et à ses frais de route, donnait son
fief en vif gage. Peu à peu l'argent devint de plus en
plus nécessaire, le commerce sans prendre de grandes
proportions commença à renaître, la nécessité du crédit pour autre chose que combattre le Sarrazin se fit
sentir, et comme les canons de l'Église ne se modi-
fiaient pas, laissaient au contraire subsister toute la rigueur du droit, on fit au droit canon ce qu'on fait
toujours aux mauvaises lois, on l'éluda.

Les Juifs qui n'avaient rien à voir aux prescriptions
de l'Église romaine firent une véritable invasion en
France; doués d'un esprit industrieux et tenace, ils
devinrent les seuls banquiers, les seuls prêteurs, et on
peut le dire avant tout les usuriers de notre pays. Ils
n'ignoraient pas que la prévôté et le bailliage les
voyaient d'un mauvais œil, aussi pour éviter les conflits
et les contestations où bien rarement la justice les favo-
risait, avant de prêter leurs deniers, ils exigeaient qu'on
leur livrât un gage.

Il est probable qu'ils furent peu scrupuleux sur le
choix des objets, car un édit de 1218 leur défendit

d'emprunter sur des vases sacrés ou sur des instru-
ments aratoires; et que leurs négociations avaient besoin d'être surveillées, car saint Louis ne les déclara
valables que lorsqu'elles s'étaient passées en présence
de gens honorables.

Mais les négociations de ce genre augmentaient
chaque jour; nos rois, qui cherchaient un moyen de
relever leurs finances, ne trouvèrent rien de mieux
que de reconnaître aux Juifs et Juives le droit de
prêter sur nantissement ou autrement, à la condition
que ceux-ci paieraient un impôt proportionnel à la
somme prêtée. Quelques années plus tard (1381) les
Juifs furent forcés à payer patente.

Ils ne s'inquiétèrent pas outre mesure de ces ri-
gueurs et du prix que l'on mettait au monopole qu'on
leur accordait. En fait ils faisaient supporter l'impôt à
l'emprunteur dont ils stipulaient des intérêts exagérés,
faisant valoir la pénible situation où ils se trouvaient
et les charges dont ils étaient accablés. Ils allèrent si
loin avec ce raisonnement et oppressèrent si durement
les malheureux que la nécessité contraignait à emprunter, que Louis XI dut intervenir et régler par une ordonnance de 1461 le taux de l'intérêt. La réglementa-
tion si peu sévère, puisqu'elle permettait d'exiger des
intérêts de *deux deniers et maille parisis pour* 20 *sols
parisis par semaine,* nous explique l'expression toute
moderne : « *Prêter à la petite semaine.* »

Il ressort clairement de ce que nous venons de rap-

peler si brièvement que les canons de l'Eglise étaient
un obstacle à la prospérité du royaume de France et
qu'il fallait mettre fin aux exactions des Juifs ; le seul
moyen était de faire admettre le principe du prêt à intérêt. Tous les efforts des jurisconsultes tendirent à ce
but ; mais une pareille réforme ne s'opère pas en un
jour ; on n'y arriva que graduellement en faisant permettre d'abord la constitution de rente, puis la convention de mohatra qui par une ingénieuse combinaison de vente à terme et de rachat au comptant élude
grossièrement la loi sur le prêt à intérêt.

Plus tard, lorsque le droit coutumier se dessina nette-
ment, nous voyons apparaître une différence sensible
avec les principes du droit romain ; tandis qu'à Rome
le créancier gagiste non payé pouvait à l'échéance
faire vendre de sa propre autorité, mais en observant
les prescriptions de la loi, l'objet qu'on lui avait donné
en gage, dans nos pays de Coutumes il devait avant
de faire procéder à la vente obtenir l'autorisation de
justice.

Un arrêt de règlement du 26 novembre 1599 exigea
que le gage fût prouvé par écrit.

L'ordonnance du 23 mars 1673 est le véritable mo-
nument de la législation ancienne sur cette matière.
Non-seulement cette ordonnance exigeait que le contrat de gage fût prouvé par écrit, mais encore par un acte
notarié avec minute.

La plupart des auteurs reconnaissaient que ces mesures avaient été prises dans l'intérêt des tiers, et afin de prévenir la fraude en cas de faillite ; c'est-à-dire qu'elles avaient trait au droit de préférence mais non au droit de rétention. Le débiteur n'aurait donc pu réclamer la chose par lui remise en gage, sous le prétexte que le contrat n'avait pas été passé dans la forme notariée, mais les autres créanciers du débiteur pouvaient pour cette raison contester au créancier gagiste son droit de préférence.

On n'avait pas établi de distinctions entre le gage commercial et le gage civil, par conséquent ce qui s'appliquait à l'un s'appliquait également à l'autre.

§ I

Le gage, avons-nous dit, en étudiant, les lois romaines, est un contrat accessoire.

Il en résulte qu'il suivra la condition du contrat principal ; et que si l'obligation principale est annulable celle qui résulte du contrat, de gage le sera aussi, à moins toutefois qu'un tiers ne soit intervenu au contrat pour garantir par un gage une obligatoin annulable qui n'est pas la sienne. Dans ce cas le tiers est censé avoir agi *animo donandi* ; et son engagement est reconnu valable sans que nous cherchions à savoir comme en droit romain si ce tiers a connu ou ignoré le vice du contrat principal.

Si la créance est conditionnelle, le nantissement lui

aussi sera conditionnel ; et si la condition est résolutoire, le débiteur aura une action résultant du contrat lui-même pour se faire restituer sa chose.

Les tribunaux à la juridiction desquels est soumis le
principal sont aussi juges de l'accessoire; si la dette est
commerciale, les questions qui seront soulevées à pro-
pos du nantissement seront de la compétence des tribunaux consulaires.

Les biens mobiliers peuvent seuls être donnés en
gage ; ce n'est pas à dire pour cela que les immeubles
ne soient pas susceptibles de nantissement. L'art. 2072
nous dit en effet : « *Le nantissement d'une chose
mobilière s'appelle gage; celui d'une chose immo-
bilière s'appelle antichrèse.* »

Tous les meubles corporels qui sont dans le commerce peuvent donc valablement être donnés en gage.
Les choses qui au contraire ne peuvent être vendues et
dont la loi prohibe le négoce ne jouissent pas de ce
bénéfice.

Nous ne reproduirons pas ici l'énumération faite par
la loi elle-même des biens mobiliers de différentes
espèces.

Quant aux meubles incorporels nos anciens jurisconsultes se refusaient généralement à les regarder
comme susceptibles d'un droit de gage, mais la Cour
des aides ayant en 1769 décidé que des titres de
créance pouvaient être remis en nantissement, Pothier modifia son opinion, et l'on admit en prin-

cipe qu'il n'y aurait plus de différence à établir entre les meubles corporels et incorporels. Je puis donc remettre à mon créancier à titre de gage une créance que j'ai contre un tiers, en me conformant aux prescriptions de la loi relatives à la cession de créances.

Il reste à examiner deux questions controversées : le bail et l'emphytéose peuvent-ils servir de gage ? Ce qui revient à dire : le bail et l'emphytéose sont-ils des droits réels immobiliers ou personnels mobiliers ? On a longtemps tiré des articles 1743 du Code civil et 684 du Code procédure des arguments en faveur du bail comme droit réel immobilier ; mais ces articles ne décident rien en principe, et la définition même du louage donnée par l'article 1709 du Code civil établit péremptoirement que le droit au bail est personnel et mobilier. La jurisprudence semble du moins définitivement fixée dans ce sens, et de récents arrêts donnent une grande force au système que nous adoptons.

L'emphytéose a donné matière à une controverse des plus vives. La jurisprudence en fait un droit réel ; mais les auteurs les plus autorisés contestent très-sérieusement cette décision. Sous l'empire du Code, disent-ils, l'emphytéose telle qu'on la comprenait autrefois n'existe plus, ce n'est qu'un long bail ; et les arguments si habilement développés par M. Demolombe ont entraîné notre conviction. Assimilant l'emphytéose aux simples baux, nous déciderons qu'un bail emphytéotique est personnel mobilier, qu'il peut par conséquent servir de gage.

Dans la première partie de cette dissertation nous avons déjà donné sur la capacité des parties contractantes, des règles qui sont communes au droit français et au droit romain. L'article 2079 nous indique clairement la nature du contrat de nantissement, et par suite nous montre la capacité exigée des deux parties : « *Jusqu'à l'expropriation du débiteur, s'il y a lieu, il reste propriétaire du gage, qui n'est, dans la main du créancier, qu'un dépôt assurant le privilége de celui-ci.* » Le débiteur s'exposant à être exproprié doit donc avoir la capacité d'aliéner, et le créancier qui n'est qu'un dépositaire doit avoir la capacité de s'obliger. Le débiteur doit avoir, disons-nous, la capacité de disposer, est-ce à dire pour cela que s'il engage la chose d'autrui le contrat n'aura aucun effet? Non ; de quel droit le débiteur se prévaudrait-il contre son créancier ? Est-ce de son dol ou de sa faute ? Il ne peut retirer à son créancier la sûreté même chimérique qu'il lui a accordée ; car il est tenu vis à-vis de lui par un lien de droit qu'il ne lui appartient pas de rompre. On ne saurait utilement soutenir que l'article 1599 ainsi conçu : « *La vente de la chose d'autrui est nulle* » est fait en faveur du vendeur. Ce que le législateur a voulu c'est renverser le vieux principe romain qui ne permettait à l'acheteur d'agir contre son vendeur qu'en cas de trouble.

Il en faut conclure que si aucune des parties intéressées ne se plaint, les effets du contrat suivront leur

cours comme si la chose avait été engagée par le véritable propriétaire, et que deux personnes seulement
seront admises à contester le contrat ; le créancier gagiste et le véritable propriétaire. Le créancier gagiste
ne peut indéfiniment rester exposé à une revendication,
il pourra donc demander à son débiteur d'autres
sûretés ; si elles lui sont refusées il invoquera l'article
1188 et fera déclarer son débiteur déchu du bénéfice
du terme, bien que l'on ait prétendu que cet article
ne pouvait avoir son application dans notre espèce
puisque le débiteur n'a pas diminué les sûretés données
par le contrat lui-même !

Le débiteur peut, postérieurement au contrat devenir propriétaire de la chose qui ne lui appartenait pas
lorsqu'il l'avait donnée en gage. Dans ce cas tout doit
se passer comme si le débiteur avait été propriétaire
dès l'origine ; et nous n'avons pas besoin de recourir
comme les Romains à des actions utiles.

Les principes que nous avons énoncés nous serviront
et le débiteur qui tenterait d'établir que lors de la
constitution de gage il n'était pas propriétaire serait
simplement repoussé par l'exception de dol.

Mais le véritable propriétaire peut revendiquer sa
chose. Si le créancier est de mauvaise foi, le propriétaire le poursuivra aussi utilement qu'il aurait poursuivi le débiteur. Si le créancier était de bonne foi
nous distinguerons deux cas, celui où la chose a été
volée ou perdue, et celui où elle ne l'a pas été. La

chose a-t-elle été volée ou perdue, le propriétaire la reprendra des mains du créancier-gagiste sans l'indemniser, mais celui-ci pourra recourir contre son débiteur de la même façon qu'un acheteur évincé recourt contre son vendeur. N'oublions pas toutefois la distinction de l'article 2280, dont nous devons tenir compte, bien que Delvincourt nous dise qu'elle ne s'applique guère à notre matière. Si le débiteur a acheté en foire ou chez un marchand vendant des choses pareilles, l'objet perdu ou volé qu'il a remis en gage, le créancier ne pourra être dépossédé que si le véritable propriétaire lui rembourse sa créance jusqu'à concurrence du prix payé par le débiteur pour l'acquisition de la chose. Bien plus, si le créancier a reçu en gage un objet d'un marchand vendant des objets pareils, et que celui-là spécialement appartint à un tiers, ce tiers ne saurait utilement le répéter entre les mains du créancier sans lui avoir remboursé sa créance.

Si la chose n'a été ni perdue ni volée le créancier doit être payé intégralement, sauf le recours du véritable propriétaire contre le débiteur. Zacharie, Troplong, Delvincourt s'accordent à donner cette solution.

Il faut au créancier-gagiste la capacité de s'obliger ; en effet un mineur peut faire sa condition meilleure, c'est-à-dire acquérir sans aucune autorisation, il peut donc stipuler un gage de son débiteur, mais comme le contrat de gage que nous venons d'étudier, et l'article 2079 que nous avons cité nous montrent que le créancier-gagiste contracte, du moins éventuellement, les mêmes obligations qu'un dépositaire, pour que le mineur soit légalement obligé à l'égard du débiteur, il faudra qu'il soit autorisé par son tuteur conformément à la loi.

Les parties sont capables et s'accordent, l'objet est licite, cela ne suffit pas à la validité du contrat, un élément essentiel est encore nécessaire : c'est la tradition. Elle s'effectuera différemment suivant que l'objet sur lequel porte le gage est corporel ou incorporel. Pour les biens corporels, la tradition peut être réelle, et c'est la plus commune ; c'est la remise de la chose par le débiteur entre les mains du créancier ou de quelqu'un le représentant. Mais, comme la tradition réelle peut présenter des difficultés, quelquefois même une impossibilité matérielle quand la chose est trop volumineuse, on a admis, mais non sans peine la tradition symbolique ; à titre d'exemple nous citerons la remise des clefs du lieu où les marchandises sont emmagasinées. La Cour de Rennes a même rendu un arrêt décidant que des bois de construction qui n'avaient pas quitté le chantier du débiteur, mais que le créancier avait, pour les distinguer, marqués de son marteau, seraient le gage de ce créancier, comme s'il les eût fait transporter dans son propre chantier. Voilà un véritable exemple de la tradition symbolique.

Il peut arriver que la convention elle-même tienne lieu de tradition ; c'est ce qui arrive lorsque le créancier est déjà détenteur de la chose qui doit être son gage. Il serait inutile et même peu raisonnable de lui faire restituer la chose au débiteur pour qu'ensuite celui-ci la lui remette à titre de nantissement.

La tradition des choses incorporelles, c'est-à-dire des droits et des créances s'opère par la remise du titre. C'est la seule formalité qui soit nécessaire à la validité du contrat entre les parties ; mais il en faut une autre à l'égard des tiers, celle qui est prescrite par l'art. 1690 : la notification du transport au cédé, ou bien son acceptation dans un acte authentique. L'art. 2075 étend ce principe de la cession de créance à la cession à titre de gage. Il est inutile de donner une explication des précautions prises par la loi.

Tant que la tradition n'est pas opérée, il ne faut pas croire que le créancier n'a acquis aucun droit. Son contrat de gage n'est pas parfait ; à l'égard des tiers il n'est pas créancier-gagiste ; mais entre lui et son débiteur, la convention seule a fait naître un lien de droit ; sans quoi le débiteur pourrait refuser la tradition, et faire par son dol sa condition meilleure.

Si le débiteur ou ses ayant-cause, refuse au créancier le gage qu'il réclame et qui lui a été promis, nous appliquerons l'article 1188 et nous déclarerons ainsi le débiteur déchu du bénéfice du terme. Si le débiteur est mort, le créancier actionnera utilement dans le même but ses héritiers même bénéficiaires.

§ II

La loi a pris des précautions dans l'intérêt des tiers, en prescrivant certaines règles de formes à observer dans le contrat de gage ; mais elle n'a pas déclaré que si ces formes n'étaient pas observées, le contrat serait nul entre les parties. En cela le Code a reproduit l'ordonnance du 23 mars 1863 : les articles 8 et 9 du titre 9 exigeaient la confection d'un acte notarié, et dans le cas où les gages ne pourraient être exprimés dans l'obligation, l'adjonction d'un inventaire les énumérant et les décrivant fidèlement. C'est le principe énoncé dans l'art. 2074 ; mais le Code permet de remplacer l'acte notarié par un acte sous seing privé enregistré. Ce que veut le législateur, c'est prévenir la fraude, et empêcher toute entente entre prétendus débiteurs et prétendus créanciers en cas de faillite ou de déconfiture. La loi prend même soin de nous dire que ces formalités ne seront exigées qu'en matière excédant la valeur de cent cinquante francs. Une controverse s'est engagée sur le point de savoir si l'art. 1328 serait applicable ou non à notre matière. Cet article énumère les cas où un acte acquiert date certaine ; or, dit-on, ce que la loi a voulu c'est que la date certaine fut acquise, peu importe que ce soit au moyen d'un acte notarié, de l'enregistrement ou d'une mention faite de l'acte de gage dans un autre acte authentique ; il a date certaine, il sera opposable aux tiers. D'autres jurisconsultes dont l'opinion est aussi d'un grand poids soutiennent que pour rendre l'acte inattaquable, la loi n'indique que deux moyens et que nous ne pouvons y suppléer par des équipollents, que si le législateur avait voulu les admettre, il aurait dit en thèse générale : « Ce privilége n'aura lieu qu'autant que l'acte aura date certaine. » Bien que le premier système ait trouvé d'éloquents interprètes dans MM. Troplong, Valette, Delvincourt ; qu'il s'appuie sur les anciens jurisconsultes, nous adopterons le second qui est celui de la Cour de cassation.

Le contrat de gage est un contrat synallagmatique imparfait, non qu'il engage à tout jamais une seule des parties vis-à-vis de l'autre ; mais parce que c'est là le résultat de ce contrat au moment de sa formation. Plus tard, il est vrai, le débiteur peut payer et exiger de son créancier la restitution du gage. Alors le créancier pourra avoir contracté des obligations envers son débiteur ; mais à l'époque de sa confection le contrat de gage est un contrat synallagmatique imparfait. Nous en concluons qu'il est dispensé de la formalité du double (art. 1325). Si le créancier est prudent il se fera délivrer un duplicata, mais les tiers intéressés ne sauraient se prévaloir de l'inobservation de cette formalité et demander la nullité du contrat.

Que devra donc contenir cet écrit notarié ou sous seing privé enregistré ? L'art. 2074 nous répond : *la dé-*

claration *de la somme due,* ainsi que *la nature et l'espèce des choses remises en gage, ou un état annexé de leurs qualité, poids et mesure.* La somme due doit être déterminée, et la Cour de cassation a décidé qu'on ne saurait valablement garantir par un gage un crédit illimité.

Notre article ne parle pas de la cause de la dette, nous dispenserons donc les parties de la mentionner, quelle que puisse être pour les tiers l'utilité de cette désignation.

L'enregistrement doit être opéré dans les délais légaux ; s'il n'était antérieur aux dix jours qui ont précédé la déclaration de faillite, il ne pourrait être opposé aux tiers intéressés.

Nous n'avons encore dit que quelques mots relatifs à la constitution des gages incorporels ; la loi garantit les tiers intéressés en exigeant que le créancier signifie le transport-nantissement au débiteur cédé.

Mais assimilant le transport à titre de gage au transport-cession, tous les auteurs de la jurisprudence ont reconnu qu'à défaut de signification, l'acceptation dans un acte authentique faite par le débiteur cédé, aurait la même force.

On ne voit pas, en effet, pourquoi la loi aurait établi une différence entre ces deux cas. Mais il est bien évident que la signification postérieure à une saisie-arrêt n'aurait aucune valeur.

Une question bien plus délicate a été soulevée : si le

jugement déclaratif de faillite n'a pas encore été pro-
noncé, mais que le débiteur soit en état de cessation de
paiements, le créancier-gagiste peut-il faire utilement
la signification au débiteur cédé ? L'art. 446 du Code
de commerce ne déclare nuls, comme étant faits depuis
la cessation de paiements ou dans les dix jours qui
l'ont précédée, que les droits de nantissement cons-
titués sur les biens du débiteur pour dettes antérieurement contractées. Or, nous supposons que la constitution de gage et le contrat principal ont la même date,
que le créancier-gagiste a simplement omis de faire la
signification immédiatement au débiteur cédé. Nous
reportant à l'article 148, nous croyons sainement interpréter la pensée du législateur, en assimilant cette
signification à l'inscription d'un privilége ou d'une hypothèque. On nous répond que nous n'avons pas le droit
d'étendre ainsi d'un cas à un autre le bénéfice de la
loi ; mais les deux hypothèses ont tant d'analogie
que nous ne craignons pas de les assimiler l'une à
l'autre.

§ III

Nous examinerons plus loin certaines clauses pro-
hibées, telles que le *pacte commissoire* ; le contrat tel
que nous venons de l'exposer avec ses éléments cons-
titutifs et les formalités prescrites est formé; adoptant
la marche que nous avons suivie en droit romain,

voyons maintenant quels seront ses effets. Les droits du créancier à l'égard de son débiteur sont ceux de rétention et de vente en cas de non-paiement ; à l'égard des tiers le droit de préférence.

Ce droit de rétention est accordé au créancier jusqu'au paiement intégral non-seulement du principal, mais encore des intérêts et des frais ; et le débiteur ne saurait se prévaloir d'un paiement partiel pour se faire restituer le gage partiellement si la chose se peut.

Le second alinéa de notre article 2082 a été inspiré par le rescrit de Gordien dont nous avons déjà parlé. L'empereur romain donnait au créancier gagiste un droit de rétention jusqu'à parfait paiement de tout ce qui pouvait être dû par le débiteur ; et non-seulement il ne distinguait pas entre la dette garantie par le gage et celles qui ne l'étaient pas, mais il comprenait dans une seule disposition les dettes antérieures et les dettes postérieures à la constitution de gage, celles qui avaient été contractées directement par le débiteur envers le créancier et celles que ce dernier avait acquises par transport ou subrogation.

C'était une mesure générale qui pouvait nuire beaucoup au débiteur, car le créancier gagiste pouvait acheter toutes les créances que des tiers avaient contre son débiteur, et refuser à celui-ci de lui restituer son gage jusqu'à ce qu'il ait payé toutes ses dettes. Le Code n'a donc pas reproduit toute la rigueur du droit ro-

main, mais il s'est pénétré de son principe et n'a permis au débiteur de se faire restituer son gage que
lorsqu'il aurait acquitté toutes les dettes contractées
directement par lui envers son créancier postérieurement à la constitution de gage. Cette décision se fonde
sur l'intention présumée des parties ; il est donc permis d'y contrevenir par un traité. Avec le tempérament
apporté par le Code, la loi romaine n'a rien que de
très-judicieux.

Nous n'avons rien à ajouter relativement au droit de
rétention ; le créancier nanti conserve son gage jusqu'à l'échéance. Mais à l'échéance deux cas peuvent
se présenter : ou bien le débiteur paiera et libérera
son gage, ou bien il ne paiera pas et le droit du créancier va se modifier. Nous traiterons plus loin de la
première hypothèse lorsque nous parlerons des droits
du débiteur.

L'échéance arrivée, le créancier n'est pas payé ; à
quoi lui servirait un droit éternel de rétention ? La loi
lui donne le droit de vente ; elle ne l'autorise pas à
porter le lendemain de l'échéance la chose chez un
marchand et de la lui abandonner pour un prix arbi-
traire.

Le créancier devra s'adresser à la justice, qui pourra
abandonner la propriété de la chose au créancier en
paiement et jusqu'à due concurrence, d'après une es-
timation faite par des experts, ou bien faire vendre la
chose aux enchères.

L'ambiguité des termes de l'article 2078, § 1, soulève une difficulté. Le créancier non payé pourra, dit-on, se faire attribuer la chose après expertise ou bien obtenir la permission de la faire vendre aux enchères. Voilà donc une alternative, mais à qui le choix appartiendra-t-il, au juge ou au créancier ? Si le créancier demande indifféremment l'une ou l'autre de ces issues dans ses conclusions, aucune difficulté ne se présente, le juge choisira ; mais s'il n'a conclu qu'à l'attribution après arbitrage, le juge pourra-t-il ordonner la vente aux enchères ? Les termes de l'article sont les seuls arguments qui puissent servir ; et ils semblent donner au créancier le droit d'option : d'où je conclus que si le juge avait ordonné la vente aux enchères alors que c'était l'expertise qui était demandée, il y aurait lieu d'appliquer l'article 480, § 3, du Code de procédure civile.

La loi ne s'est pas contentée de prendre ces mesures en faveur du débiteur et d'éviter que le créancier non payé pût abuser de la situation malheureuse de son débiteur, en vendant directement et sans contrôle l'objet reçu en gage ; elle a protégé le débiteur contre lui-même au moment de la formation du contrat.

Il y a certains besoins d'argent si impérieux que pour les satisfaire le débiteur consentirait à subir toutes les exigences du créancier. Le débiteur en s'engageant croit toujours qu'à l'échéance il sera en mesure de payer ; et le pacte qui se présente le premier à la pensée, qui effraie le moins le débiteur, bien qu'il soit le plus dangereux pour lui, est sans contredit le pacte commissoire prohibé par le § 2 de notre article 2078. Le créancier en prêtant, stipule de son débiteur que le non paiement à l'échéance lui transportera de plein droit la propriété du gage. Jusqu'à Constantin cette stipulation avait paru très-naturelle ; et la *lex commissoria* faisait généralement partie de la rédaction des contrats de gage. Qu'arrivait-il ? C'est que des usuriers faisaient à des insolvables des avances sur des gages d'une valeur double de la somme prêtée.

On a dit que ce § 2 de l'article 2078 était inutile, qu'il suffisait de rappeler l'article 1172 prohibant toute condition d'une chose impossible ou contraire aux bonnes mœurs ; et que c'était précisément à cause de l'immoralité qu'il y aurait à laisser le débiteur à la merci de son créancier, que le pacte commissoire avait été interdit.

Mais si le législateur s'en était rapporté à l'article 1172, il aurait atteint un but tout autre que celui qu'il visait ; il aurait porté atteinte aux intérêts du débiteur qu'il veut avant tout sauvegarder. Dans les contrats à titre onéreux la condition impossible ou immorale a pour effet de rendre le contrat nul *erga omnes*. L'article 2078, sans vicier le contrat, déclare nul le pacte commissoire. C'est une protection accordée au débiteur, mais cette protection doit cesser alors que toutes les causes qui ont déterminé le législateur à l'accorder au débiteur ont cessé. Bartole et plusieurs autres jurisconsultes en ont conclu que ce qui était prohibé c'était le pacte commissoire *ex continenti*, c'est-à dire fait en même temps que le contrat principal, mais non celui qui aurait été consenti *ex intervallo*, après la perfection de ce contrat. Lorsque l'argent a été prêté et qu'un certain terme a été stipulé pour le paiement, il n'y a pas lieu de craindre l'influence du créancier sur le débiteur : tout est définitif. On a répondu à ce système que le créancier dominait jusqu'au paiement la personne de son débiteur, et qu'en le menaçant de poursuites il pouvait obtenir de lui bien des concessions ; mais il me semble que les menaces les plus dangereuses pour le débiteur seraient précisément de vendre le gage en se conformant aux prescriptions de justice dès l'échéance du terme, et que le débiteur qui n'a plus rien à demander à son créancier conserve vis-à-vis de lui une pleine indépendance. D'ailleurs le débiteur reste maître d'aliéner comme bon lui semble la chose qu'il a remise en gage ; s'il peut la vendre à un tiers (tous droits du gagiste réservés), pourquoi ne pourrait-il pas la vendre à son créancier puisque ce dernier ne peut plus comme à l'époque de la confection du contrat principal, exercer aucune pression sur sa résolution ? Il peut donc valablement intervenir un traité sous une forme quelconque, un contrat innomé, qui transfère au créancier-gagiste la propriété du gage à titre de *datio in solutum* ; pourquoi un semblable contrat ne pourrait-il pas être affecté d'une condition, celle du non-paiement à l'échéance ?

On s'accorde généralement à considérer comme valable la clause qui permettrait au créancier de devenir propriétaire du gage à l'échéance s'il n'est pas payé, moyennant un prix que des experts fixeront ; une pareille clause aurait pour but de dispenser le créancier de la formalité d'une demande en justice.

Le créancier-gagiste peut donner en gage à un tiers l'objet qu'il a reçu au même titre ; c'est ce qu'en droit romain on appelait le *sub pignus*. Il ne portera point atteinte au droit de son débiteur encore propriétaire du gage; et celui-ci s'il se libère par un paiement réclamera sa chose contre son ancien créancier au moyen de l'*actio pigneratitia directa*, contre les tiers au moyen de l'action en revendication. Le plus souvent cette action en revendication sera paralysée par la prescription instantanée, et l'exception tirée de l'article 2279. Nous pouvons nous reporter si ce cas se présente, à ce que nous avons dit plus haut dans l'hypothèse où la chose d'autrui a été donnée en gage.

Le jurisconsulte Paul dit que si le créancier-gagiste qui a vendu le gage n'est pas payé par son acheteur, il pourra recourir contre son débiteur. Chez nous l'acheteur aux enchères devant payer son prix sans délais, une pareille observation serait peu pratique.

A Rome, le droit de vente accordé au créancier en cas de non-paiement était considéré comme de l'essence même du contrat, puisqu'en cas de stipulation contraire, l'effet de la convention était de rendre obligatoires trois sommations successives avant que le créancier pût procéder à la vente.

En l'absence de textes, devons-nous dire que le législateur français a suivi la règle romaine ? que le droit de vente pour le créancier non payé est de l'essence même du contrat ? Certains auteurs l'ont soutenu, se fondant sur cette idée qu'un pareil contrat ne saurait se concevoir puisqu'il n'aurait aucune utilité ; mais nous adopterons le système opposé, répondant que ce qui n'est pas défendu est permis et que la convention est la loi des parties ; et d'ailleurs il n'est nullement démontré que le créancier-gagiste renonçant à son droit de réalisation n'a plus aucun intérêt. Son droit de rétention peut être assez puissant pour lui assurer son paiement. Une personne, en effet, peut donner en gage des souvenirs de famille ; n'être pas en mesure de payer à l'échéance ; ne sera-t-elle pas assez intéressée à libérer promptement son gage si le créancier conserve son droit de rétention ?

Nous avons énuméré les droits du créancier-gagiste, voyons maintenant les devoirs qui lui sont imposés. L'article 2080 nous renvoie au titre des contrats ; et l'article 2079 nous dit que jusqu'à la réalisation du gage, s'il y a lieu, le gage n'est entre les mains du créancier qu'un dépôt assurant son privilège. Nous n'examinerons point les différents systèmes émis sur la théorie des fautes, et la responsabilité qui incombe aux différentes parties dans différents contrats, cela sort du cadre de notre sujet. La loi a pris pour type général les soins qu'un bon père de famille doit apporter à la conservation de la chose. Le dépositaire n'est tenu de donner au dépôt que les soins qu'il apporte habituellement à ses propres affaires. En résulte t-il que le créancier-gagiste, assimilé par l'article 2079 au dépositaire, ne doive pas d'autres soins à la chose qu'il détient en gage ? Non, car la convention intéresse les deux parties, et le juge, sans se montrer aussi sévère pour lui que pour le commodataire, doit l'être plus que pour un simple dépositaire. Il est inutile d'ajouter que les cas fortuits sont à la charge du débiteur ; cela résulte du principe : *res perit domino*.

L'objet donné en gage peut porter des fruits ; cela se présentera très-rarement si c'est un meuble corporel, mais très-souvent si c'est un meuble incorporel ; voilà pourquoi l'article 2081 ne vise que ce dernier cas. Il attribue les intérêts de la créance donnée en gage au créancier-gagiste, mais il prend soin de régler l'imputation que ce dernier devra en faire. Si la dette porte intérêts, c'est d'abord sur les intérêts que portera l'imputation, et ensuite sur le capital ; ce sera sur le capital seul si la dette ne porte pas intérêts. Lorsque le créancier aura été payé, soit par ces intérêts, soit directement par son débiteur, (soit enfin par la vente aux enchères de la chose), il devra restituer la chose à son débiteur ; s'il a été payé par la vente aux enchères et que cette vente ait produit plus d'argent qu'il n'en fallait pour le désintéresser, le surplus du prix sera remis au débiteur libéré.

Si le débiteur meurt laissant plusieurs héritiers, ses dettes en général se divisent de plein droit, et chacun de ceux-ci n'en est tenu que pour sa part héréditaire. Il résulterait de ce principe, si l'article 2083 n'eût prévu ce cas par une disposition formelle, que chaque héritier, après s'être libéré séparément, aurait réclamé sa part du gage. Mais on a considéré qu'il y avait là quelque chose de plus qu'une obligation personnelle, puisque le créancier ne s'en était pas rapporté à la foi seule de son débiteur, et qu'il avait en quelque sorte fait des avances à la chose qu'il détenait. Le fait de la mort de son débiteur ne peut porter préjudice au créancier et tant qu'il lui sera dû quelque chose il jouira de la plénitude de son droit, droit de rétention si l'échéance n'est pas arrivée, droit de vente si postérieurement à l'échéance un seul des héritiers, même pour la plus minime portion, a omis de le payer. Si nous supposons la mort du créancier au lieu de celle du débiteur, le résultat sera le même ; tant qu'il restera un des héritiers du créancier impayé, celui-là aura sur tout le gage l'exercice de son droit de rétention ou de vente suivant les cas.

Les parties peuvent, par une clause expresse contrevenir à l'article 2088 et convenir qu'un paiement partiel entraînera la restitution partielle du gage ; ou bien qu'en cas de décès du débiteur, si le gage est susceptible de division, chaque héritier après avoir payé sa part de la dette pourra réclamer sa part du gage.

Le créancier jusqu'ici n'a été en rapport qu'avec son débiteur soit en exerçant son droit de vente, soit en exerçant son droit de rétention; dans ses rapports avec les autres créanciers de son débiteur, il a un autre droit, celui d'être payé par privilége et préférence sur la chose qui est l'objet du gage ; mais la loi nous énumère les priviléges généraux et les priviléges spéciaux sans déterminer leur rang; plusieurs systèmes de classification ont été proposés ; nous n'entreprendrons pas cette longue étude ; mais nous nous demanderons quel sera le rang du créancier-gagiste en conflit avec les autres créanciers privilégiés de son débiteur. La jurisprudence et la doctrine sont à peu près unanimes à n'admettre parmi les priviléges généraux que celui résultant des frais de justice qui puisse primer celui du créancier gagiste. En effet ce dernier est nanti ; il n'a pas suivi la foi de son débiteur ; mais les frais de justice conservent le gage dans l'intérêt de tous les créanciers, ils doivent donc être payés avant tout. Cette doctrine était déjà professée par Pothier et personne ne l'a combattue. Les autres priviléges généraux ne viennent qu'après les priviléges spéciaux. Quelle place aura donc le créancier-gagiste parmi les priviléges spéciaux? Nous l'avons vu primé par les frais de justire, à la condition que ces frais lui auront été utiles ; il pourra, dans les priviléges spéciaux, être primé par celui qui a mis la chose dans le patrimoine de son débiteur, ou par celui à qui il sera dû quelque chose pour soins apportés à la conservation de l'objet donné en gage.

En effet, raisonnons par analogie, et reportons-nous à l'article 2102 § 4. On suppose concours entre le locateur et le vendeur des meubles qui ont servi à garnir les lieux loués : si le locateur est de bonne foi, son privilége aura le pas sur celui du vendeur de meubles ; s'il sait, au contraire, que ce vendeur de meubles n'a pas été payé, son privilége n'aura que le second rang.

Assimilons le créancier gagiste au locateur, et nous dirons : si le créancier gagiste connaissait lors de la constitution de gage les priviléges qui affectaient l'objet à lui remis, il sera primé par eux, sinon il passera avant eux.

Deux autres principes tirés de l'article 2102 § 1 nous montrent que le privilége du bailleur ne peut s'exercer qu'après celui de l'ouvrier qui a travaillé à la conservation de la chose. Si le travail nécessaire à la conservation de la chose a été fait antérieurement à la constitution de gage, nous appliquerons le principe énoncé plus haut, et nous distinguerons si le créancier a connu ou ignoré l'existence de ce privilége ; si, au contraire, le travail a été fait postérieurement à la constitution de gage, le prix servira avant tout à payer celui qui a travaillé à la conservation de la chose.

La corrélation qui existe entre les droits du créancier et les devoirs du débiteur, ainsi qu'entre les devoirs du créancier et les droits du débiteur nous dispense d'expliquer longuement la condition du débiteur. Ainsi le débiteur a droit aux soins d'un bon père de famille que le créancier doit apporter à la conservation de la chose.

Le débiteur restant jusqu'à l'échéance propriétaire profitera des améliorations qui peuvent survenir par cas fortuit, de même qu'il subira les détériorations. Mais si ces améliorations étaient apportées par les soins du créancier, il devra indemniser ce dernier, à moins qu'elles n'aient été faites à la légère, sans une grande utilité et d'une façon trop dispendieuse.

Si le créancier-gagiste est menacé d'être dépossédé, il pourra exercer en vertu de l'article 1166 toutes les actions qui compètent à son débiteur, et de plus, comme nous l'avons déjà dit, s'il est de bonne foi il aura le bénéfice de l'article 2279.

En vertu des principes généraux qui régissent la matière des contrats, le débiteur répondra de son dol, et si, pour rappeler un exemple déjà cité, il a livré en gage à son créancier un cheval morveux il sera responsable des dommages directs qu'il aura pu causer.

Tant que son titre n'est pas interverti, le créancier-gagiste ne possède que comme dépositaire et ne peut par conséquent, par aucun laps de temps, acquérir la propriété de la chose engagée ; mais si le débiteur, après s'être libéré, omet de retirer le gage des mains de son créancier, Troplong enseigne que celui-ci pourra prescrire par trente ans ; en effet la cause de sa possession est changée ; il n'est plus détenteur précaire mais un tiers de mauvaise foi. En somme l'*actio pigneratitia directa*, sera soumise à la prescription trentenaire.

Mais la possession du créancier gagiste empêche que le débiteur puisse se libérer de sa dette au moyen de la prescription. Cette possession constitue, en effet, de la part du débiteur une reconnaissance continuelle de la créance. Ainsi le créancier qui, nanti d'un gage serait resté inactif pendant trente ans, n'en aurait pas moins encore le droit de se faire payer de sa créance, soit en poursuivant en justice la vente du gage, soit en s'en faisant déclarer propriétaire jusqu'à due concurrence, conformément à l'art. 2078 § 1.

§ IV

Le gage peut s'éteindre de deux manières: par voie principale et par voie incidente. Il s'éteint par voie principale lorsque la dette subsiste, et que le créancier-gagiste fait à son débiteur la remise de son droit de gage en réservant sa créance ; mais il ne faut pas oublier que le créancier doit avoir la capacité de renoncer à ce droit. Chez les Romains on pouvait citer encore la résolution des droits du constituant, mais en droit français une semblable hypothèse atteindra bien rarement le créancier gagiste, qui se prévaudra pour rester en possession de l'article 2279 et de l'article 1141. Ce genre d'extinction du gage est donc peu pratique sous l'empire de notre législation.

Si la chose vient à périr par cas fortuit, le débiteur n'aura rien à réclamer de son créancier, mais celui-ci sera tout naturellement privé de son droit de gage. Il ne pourra pas recourir contre son débiteur et lui demander d'autres garanties puisque ce débiteur n'est pas en faute, mais si au lieu d'un anéantissemen complet, nous supposons la perte partielle de l'objet donné en gage, le créancier conservera son droit de rétention et de privilége sur tout ce qui n'aura pas été détruit.

On peut citer comme dernier mode d'extinction du gage par voie principale, le retrait du commerce ; une loi peut déclarer que telle substance est nuisible et pour cela hors du commerce, le créancier perdra son droit de gage sur cette substance si elle lui a été livrée avant la promulgation de la loi ; en effet, quel était le droit conféré au créancier par la convention : celui de faire vendre la chose à l'échéance s'il n'était pas payé : or la loi le lui défend.

Le droit au gage s'éteint toujours lorsque l'obligation principale cesse d'exister. C'est ce que nous app lons l'extinction du gage par voie incidente ou accessoire.

Il faut que l'obligation principale soit définitivement éteinte pour que le gage cesse définitivement d'exister. Si le paiement a été fictif, en fausse monnaie, par exemple, ou bien si le débiteur a fait à son créancier une *datio in solutum*, et que le véritable propriétaire revendique l'objet que le débiteur, pour se libérer, a remis à son créancier, l'obligation principale renaîtra, ou, pour mieux dire, elle n'a pas cessé d'exister ; le créancier se croyant payé a pu restituer à son débiteur l'objet qu'il avait reçu de lui en gage ; il pourra, dans ce cas, réclamer le gage à son débiteur ; mais si ce dernier l'a vendu à un tiers, il n'y aura pas de revendication possible, et le créancier ne pourra recourir contre son débiteur que dans le but d'obtenir de nouvelles sûretés et des dommages-intérêts. Le tiers acquéreur jouit en effet du bénéfice de l'article 2279. On a soutenu avec succès que sans supposer l'hypothèse de la vente par le débiteur à un tiers, le résultat serait le même et le créancier aurait perdu tous ses droits, si un autre créancier chirographaire avait fait une saisie-arrêt pendant que cette chose avait fait injustement retour entre les mains de son propriétaire. La question était assez difficile à résoudre, mais on a tiré la solution de ce principe, que le créancier gagiste, pour conserver son droit à l'égard des tiers, doit non seulement entrer en possession, mais encore s'y maintenir.

Le paiement et la *datio in solutum* ne sont pas les seuls modes d'extinction de l'obligation principale ; on peut encore citer la compensation, la novation, la confusion et la remise de la dette. Nous dirons de la compensation ce que nous avons dit de la *datio in solutum*; il faut qu'elle ne soit pas fictive. La novation qui substitue une dette à une autre dette éteint le droit de gage, à moins que, conformément à l'article 1278, les parties contractantes n'aient eu soin d'en faire la réserve expresse, et d'attacher à la nouvelle créance les garanties qui étaient affectées à l'ancienne.

Quand les deux qualités incompatibles de débiteur et de créancier sont réunies sur la même tête, l'obligation principale et tous ses accessoires cessent d'exister: c'est ce qu'on nomme la confusion ; elle a lieu lorsque le débiteur et le créancier deviennent héritiers l'un de l'autre. Mais l'article 802, § 2 apporte un tempérament à cette règle générale en faveur de l'héritier bénéficiaire qui a plutôt le rôle de liquidateur de la succession que celui de véritable héritier. Les créances subsistent activement et passivement à l'égard de l'héritier bénéficiaire. Si le débiteur accepte sous bénéfice d'inventaire la succession de son créancier gagiste, il ne rentrera en possession de son gage qu'après avoir payé à la succession la somme qu'il doit ; de même si le créancier accepte sous bénéfice d'inventaire la succession de son débiteur, il ne sera tenu de restituer le gage, que lorsque la succession l'aura complétement désintéressé.

DROIT COMMERCIAL

Nous n'avons pas parlé de l'article 2081 du Code civil ainsi conçu : « Les dispositions ci-dessus ne sont applicables ni aux matières de commerce ni aux maisons de prêt sur gages autorisées, et à l'égard desquelles on suit les lois et règlements qui les concernent. »

Cet article n'avait donc aucun rapport avec les matières que nous venons de traiter, et n'était qu'un avertissement de lois nouvelles et de règlements spéciaux qui devaient mettre en dehors des principes généraux le gage commercial et certains établissements tels que le Mont de Piété. Malheureusement le législateur oublia lors de la confection du Code de commerce la promesse qu'il avait faite dans le Code civil. En l'absence de toute autre disposition spéciale, le gage commercial devait-il être distingué du gage civil, ou devait-il lui être assimilé ? C'est une grave question qui a pendant un long temps soulevé une vive controverse, et qui fut

même la cause de nombreuses variations dans la jurisprudence. Elle n'offre plus aujourd'hui qu'un intérêt his-
torique, puisqu'elle a été tranchée par la loi du 28 mai
1863. Parmi les auteurs qui soutenaient que le gage
devait être régi par d'autres règles par celles du
gage civil, il faut citer Troplong, qui se retranchait
toujours derrière l'article 2084, qui lui fournissait un
argument assez logique: l'article 2084, disait-il, déclare
en principe que le gage commercial n'est pas assimilé
au gage civil, et que des dispositions qui lui sont propres interviendront pour réglementer sa constitution ;
il faut voir deux choses dans cette déclaration : 1° la
mise du gage commercial en dehors des principes du
Code civil, 2° la promesse de dispositions privilégiées ;
cette promesse n'a pas été tenue, il est vrai, mais la
première partie n'en est pas moins acquise. Par conséquent les règles en usage dans le commerce pour les
négociations ordinaires, doivent en l'absence de dispositions particulières régir la matière qui nous occupe.
D'autres jurisconsultes fort nombreux et dont l'opinion
était aussi d'un grand poids soutenaient non moins
énergiquement le système opposé.

Tant que le législateur n'a pas tenu sa promesse, le
gage commercial, disaient-ils, n'a pas d'existence propre. L'article 2084 n'a d'autre but que de prévenir inu-
tilement le public des réformes que l'on a l'intention
d'introduire, et ne fait aucune classification des différentes espèces de gage. C'est dans ce sens que se pro-

nonçaient MM. Valette, Zachariæ, Pardessus, etc....., et les différents tribunaux à l'appréciation desquels la question était soumise se trouvaient fort embarrassés pour la trancher. D'une part le plus grand nombre des jurisconsultes et une argumentation irréfutable les entraînaient à adopter le second système; mais le premier que soutenait M. Troplong, donnait tant de facilité au commerce, était si favorable au développement du crédit, que les magistrats consulaires et les conseillers s'en détachaient avec peine.

Certains tribunaux adoptèrent un système mixte et décidèrent que lorsqu'il y aurait eu transport des marchandises de place en place, ou lorsque la bonne foi des contractants ne pourrait être mise en doute, le gage commercial serait dispensé des formes exigées par le Code civil.

C'était une jurisprudence bâtarde qu'il fallait à tout prix faire cesser. Des lois spéciales avaient mis les grands établissements de crédit, tels que le Mont de piété, la Banque de France, le Comptoir d'escompte, les Magasins généraux, hors de la règle commune ; mais le gage commercial n'en était pas affranchi. Les articles de 91 à 95 du Code de commerce assuraient bien le privilège du commissionnaire, sans que les prescriptions du Code civil soient nécessaires, lorsque les marchandises lui avaient été expédiées d'un autre pays; mais c'était bien peu. Cette disposition ne s'appliquait qu'à une classe de personnes : les commissionnaires, et encore était-elle entourée de restrictions.

Assurément l'article 1074 avait une utilité indéniable, il empêchait toute fraude, toute collusion entre débiteurs et créanciers ; mais à côté de ces avantages, il présentait bien des inconvénients. La fortune mobilière augmentant chaque jour, le crédit prenant un large essor et assurant la prospérité de l'État, rendaient une réforme complète absolument nécessaire. Pour parer à un mal possible on en causait un bien plus grand en paralysant le commerce ! Mais de 1808 à 1863 le législateur n'osa rien entreprendre. En 1863 un projet de loi fut soumis au Corps législatif : il fut vivement discuté, on proposa des amendements, et le 21 mai de la même année on vota la loi que nous allons étudier. Cette loi ne fut pas annexée aux Codes français, comme l'ont été la plupart des lois spéciales, mais elle fut intercalée dans le texte même du Code de commerce. L'analogie qui existait entre le gage commercial et le privilège du commissionnaire désignait la place que devaient occuper les nouveaux articles. On condensa dans les articles 94 et 95 tout ce qui avait rapport aux commissionnaires et les articles 91, 92 et 93 comprirent le texte de la nouvelle loi.

« C'est ainsi, disait le rapporteur de la loi du 21 mai 1863, que le contrat de gage a conquis l'affranchissement et la liberté. » Tout ce qui n'avait pas été expressément prévu par la loi du 21 mai 1863 devait être soumis aux règles du Code civil.

Les trois nouveaux articles du Code de commerce ont rapport : le premier à la formation du contrat de gage, le second aux droits du créancier gagiste, le troisième à la réalisation du gage. C'est la marche que nous avons suivie dans le développement des principes de droit romain et de droit civil ; c'est encore celle que nous suivrons dans le développement des principes commerciaux.

CODE DE COMMERCE :

ARTICLE 91 :

« 1° Le gage constitué, soit par un commerçant, soit
« par un individu non-commerçant, pour un acte de
« commerce, se constate à l'égard des parties contrac-
« tantes comme à l'égard des tiers, conformément à
« l'article 109 du Code de commerce. — 2° Le gage à
« l'égard des valeurs négociables peut aussi être éta-
« bli par un endossement régulier, indiquant que les
« valeurs ont été remises en garantie. — 3° A l'égard
« des actions, des parts d'intérêts et des obligations
« nominatives des sociétés financières, industrielles,
« commerciales ou civiles, dont la transmission s'opère
« par un transfert sur les registres de la société, le
« gage peut également être établi par un transfert à
« titre de garantie inscrit sur lesdits registres. — 4° Il

« n'est pas dérogé aux dispositions de l'article 2075 du
« Code civil en ce qui concerne les créances mobi-
« lières, dont le cessionnaire ne peut être saisi à l'é-
« gard des tiers que par la signification du transport
« faite au débiteur. — 5° Les effets de commerce don-
« nés en gage sont recouvrables par le créancier ga-
« giste. »

Le § 1er de l'article 91 n'a pas été voté sans une vive
discussion au Corps Législatif. Désormais les contrats
de nantissement se prouveront comme les achats et les
ventes, en matière de commerce. Le projet de loi n'é-
tait pas aussi explicite que la loi telle qu'elle fut votée.
On ne voulait pas étendre le bénéfice de cette nouvelle
loi à d'autres personnes que les commerçants agissant
commercialement. Mais il y avait là un écueil; c'était
apporter une difficulté de plus aux nombreuses difficultés qui se présentaient déjà. Quelles personnes sont
commerçantes ? Faut-il pour être commerçant faire
constamment des actes de commerce ? Suffit-il d'en
avoir fait quelques-uns dans un laps de temps assez
court ? Un amendement fut proposé et accepté qui
coupa court à cette difficulté en libérant le gage
des formalités gênantes du droit civil, toutes les fois
qu'il aura été consenti pour ou par une personne né-
gociante ou non, mais pour l'accomplissement d'un
acte de commerce.

Nous n'aurons donc plus à nous demander si les parties sont commerçantes, ou si elles ne le sont pas;

voilà une source de procès évitée grâce à l'amendement que nous venons de citer. Mais une autre difficulté se présente : quand y a-t-il acte de commerce ?
Nous trouvons la réponse à cette question dans les articles 632 et 633 du Code de commerce. Mais il n'en
est pas moins fort difficile de prouver que l'on rentre
dans un des cas énumérés par ces articles. Nous dirons
donc que les tribunaux seront souverains appréciateurs; mais que le Code civil est la règle générale, et
que le Code de commerce n'est que l'exception. Toutes
les fois donc qu'il ne sera pas évidemment démontré
que le nantissement était destiné à garantir une dette
commerciale, ce n'est pas les articles 91, 92 et 93 du
Code de commerce, mais bien les article 2074 et 2075
du Code civil que nous appliquerons.

Résumons-nous; peu importe que les parties contractantes soient ou ne soient pas des commerçants ;
pour déterminer la qualité du nantissement, nous n'a-
vons qu'une chose à envisager : l'obligation principale.
Est-elle commerciale, le nantissement est commercial ;
est-elle civile, le nantissement est civil.

La preuve du nantissement commercial est la même
que celle des achats et ventes; nous la trouvons dans
l'article 109 :

« Les achats et ventes se constatent — par actes
« publics, — par actes sous signatures privées, — par
« le bordereau ou arrêté d'un agent de change ou
« courtier, dûment signé par les parties, — par une

« facture acceptée, — par la correspondance, — par
« les livres des parties, — par la preuve testimoniale,
« dans le cas où le tribunal croira devoir l'admettre. »

Il faut encore ajouter à ces modes de preuves, les présomptions quand le magistrat peut les admettre, l'aveu et le serment.

Avant la loi de 1863 tous ces moyens de preuve pouvaient servir pour ou contre les parties contractantes en matière de nantissement, puisque le contrat de nantissement est un de ceux qui se forment *re*. Mais il en était différemment à l'égard des tiers. En cas de contestation avec son débiteur, le créancier pouvait invoquer à son appui tous les moyens de preuve énumérés plus haut; mais si d'autres créanciers du débiteur contestaient au gagiste sa qualité, celui-ci n'avait pour la faire valoir que les moyens édictés dans les articles 2074 et 2075. En somme l'innovation du Code de commerce n'a donc pour but que de régler la position du créancier gagiste à l'égard des tiers, et ne change rien aux principes qui régissaient les rapports directs entre créancier et débiteur.

On voit que la loi s'est écartée de l'ancien article 93 et ne s'est pas contentée d'appliquer à toute personne faisant un contrat de gage commercial le bénéfice attribué au privilége du commissionnaire. En effet, nous n'avons pas à nous occuper des questions de domicile ou de transports. Que les marchandises données en gage aient été transportées d'un pays dans un autre,

ou qu'elles n'aient pas changé de place, le résultat sera
le même. C'est là un principe excellent. Ce qu'il faut
remarquer aussi, c'est que le nantissement de titres au
porteur peut se constituer au moyen de la simple tradition, et il n'y a aucune utilité de signifier ce transport-nantissement au gérant de la société qui a émis
les titres. En effet, le nantissement commercial n'est
pas assujetti à d'autres formes que la vente commerciale ; or la propriété des titres au porteur se transfère
par la simple tradition, sans qu'il y ait besoin d'endossement et de signification. Les tiers seraient donc mal
venus à contester un tel nantissement. La jurisprudence est fermement arrêtée dans ce sens depuis qu'à
la date du 30 novembre 1864 est intervenu un arrêt
de la Cour de cassation, statuant dans le sens que nous
venons d'indiquer.

Le § 2 de notre article était-il bien utile, et le § 1er
n'aurait-il pas suffi à nous expliquer que l'endossement
était un mode régulier pour donner en gage un effet
de commerce, une valeur négociable ? Nous avons dit
plus haut que tous les moyens de preuve admis en
matière de vente seront admis en matière de nantissement ; or, l'endossement est un moyen de prouver la
vente, ce sera donc un moyen de prouver le nantissement. La justesse de ce raisonnement n'échappa point au
rapporteur de la loi de 1863 ; mais la question avait
été si souvent agitée de savoir si un endossement régulier à titre de nantissement pouvait être déclaré va-

lable à l'égard des tiers ; on avait si chaudement disputé sur ce point, les uns disaient qu'il fallait se conformer aux articles 2074 et 2075, parce que le contrat de gage devait être entouré de plus de précautions que le contrat de vente ; les autres qu'un semblable endossement était inattaquable, et qu'il n'y avait aucune raison pour faire une différence entre le contrat de gage et le contrat de vente, qu'on inséra cette disposition spéciale : « Le gage peut être établi par un endossement régulier, indiquant que les valeurs ont été remises en garantie. » Le rapporteur indiqua le but que s'était proposé la commission en maintenant cette disposition. Malgré ce texte précis et ces documents historiques bien convaincants, la même question fut portée devant les tribunaux. Il est inutile de rappeler leurs décisions. Avant 1863 il y avait des variations dans la jurisprudence, mais notre article 91 n'en permet plus.

Voici cependant une espèce particulière qui mérite d'être signalée. Un effet de commerce a été remis à titre de nantissement par un débiteur à son créancier. Mais le débiteur a omis l'endossement, et n'indique ni vente ni gage ! La Cour de cassation, par arrêt du 26 juin 1866, décida que dans cette hypothèse il y avait un contrat innomé qui tenait du dépôt et n'obligeait le créancier qu'à la restitution matérielle laissant au débiteur le soin de veiller à la conservation de la chose, de faire opérer le recouvrement ou déclarer le protêt.

Nous n'entrerons pas dans de longs détails sur les définitions des valeurs négociables, et de l'endossement régulier. Les valeurs négociables sont les lettres de change, les billets à ordre, les warrants, les chèques, etc.; nous verrons plus loin l'utilité des warrants, des chèques et des connaissements. L'endossement pour être régulier doit contenir exactement toutes les indications de l'article 137 du Code de commerce : « la « date, l'indication de la valeur fournie, et le nom de « celui à l'ordre duquel le billet est passé. » Mais un tel endossement aura pour effet de transférer la propriété si l'on ne prend garde d'y ajouter la mention « à titre de gage ». L'endossement tel que nous le décrit l'article 137 n'est pas signé; il faut bien se garder d'en conclure que la signature n'est pas nécessaire ; la signature au contraire est un élément essentiel. Voici donc le texte d'un endossement régulier à titre de garantie :

Passez à l'ordre de M. X... en garantie de la somme de ... payable le..., valeur reçue en marchandises.

Paris, le...

Signé.

Il a été jugé par la Cour d'Orléans, le 24 juin 1868, que l'énonciation « valeur en garantie de mon compte » dans l'endossement d'un billet à ordre, suffit pour transmettre au porteur la saisine du titre. La même décision avait été prise le 15 mars 1867 par le tribunal de commerce de la Seine.

Ce § 2 qui n'est que l'application du § 1er du même article à une espèce particulière ne présente en réalité aucune difficulté en pratique; l'article 109 sagement interprété nous eût amené au même résultat, ce n'est en réalité qu'une explication.

Nous pourrions dire la même chose du § 3. On pourra transférer le nantissement commercial comme la propriété même au moyen d'un transfert sur les registres de la société; quand ce mode de transmission est en usage dans la société. Ainsi donc, au lieu de transférer simplement le titre d'une personne à une autre, on ajoutera la mention : à titre de nantissement. Mais, les statuts de la société peuvent ne pas permettre un pareil transfert. M. Cornudet nous apprend ce que dans ce cas nous avons à faire : « Le titre sera transféré au « nom du prêteur de manière qu'il le puisse vendre « s'il n'est pas payé à l'échéance; mais dans l'acte in-« tervenu entre le prêteur et l'emprunteur, le prêteur « reconnaîtra que malgré ce transfert, il n'est que « créancier gagiste. » Ce n'est donc pas encore là une difficulté réelle qu'on puisse soulever. Le transfert sur les registres de la société remplace donc la signification au débiteur.

La loi ne fait aucune distinction entre les sociétés ; que la société soit civile, commerciale, industrielle, peu importe. De même elle n'apporte aucune restriction dans l'énumération des créances dont le transfert opère nantissement. Les actions, les obligations et les parts d'intérêt sont susceptibles d'être données en gage par voie de transfert. Il n'est pas inutile de dire ce que la loi a entendu par actions, obligations et parts d'intérêt.

Une action, c'est une part d'associé dans les bénéfices communs; telle est suivant nous la meilleure définition qu'on en ait donné. L'obligation, c'est la créance d'une personne qui a prêté de l'argent à la compagnie. Le projet de loi ne comprenait, en principe, que ces deux genres de créances: les actions et les obligations; mais sur une observation de la commission, on ajouta les parts d'intérêt; nous trouvons dans le rapport même de M. Vernier la définition des parts d'intérêt :

« Ces valeurs ont tous les caractères de l'action, mais « en diffèrent en ce sens qu'elles représen'ent une « autre division de l'intérêt social que celle qui existe « entre les actionnaires. C'est la part d'intérêt que les « fondateurs d'une compagnie s'attribuent entre eux « avant la mise en actions. »

Ces valeurs pourront donc, comme les actions et obligations nominatives, être données en gage par un transfert-nantissement.

Le § 4 contient un retour fort équitable au droit commun. L'article 2075 du Code civil sera applicable à toutes les créances mobilières dont le cessionnaire ne peut être saisi à l'égard des tiers que par la signification du transport faite au débiteur. Sous tous les points de vue la disposition de la loi est fort juste; et nous trouvons dans le rapport les explications que nous nous efforcerons de résumer. Le législateur a voulu éviter toute confusion entre ces valeurs mobilières et les titres au porteur. Mais cette confusion était-elle donc inévitable ? Était-il besoin d'un paragraphe spécial pour l'éviter, et le juge ne voyait-il pas, sans qu'il y ait besoin d'une disposition particulière, que nous restions dans le droit commun ? Il faut bien le croire, puisque cette observation ayant été soumise au Conseil d'État, on maintint le texte du projet de loi.

Quant aux raisons qui ont fait rendre l'art. 2075 applicable à cette espèce de créances mobilières, même en matière de gage commercial, elles sont bien simples. La loi a en vue l'intérêt du créancier gagiste ; si le nantissement n'a pas été signifié au débiteur de la créance, ce dernier pourra valablement payer entre les mains de son propre créancier ; un tel paiement anéantirait le gage.

En second lieu nous ferons remarquer que nous traitons un sujet commercial, et qu'en matière de commerce nous voyons constamment donner en gage des effets de commerce, des valeurs publiques, des actions et obligations, bien rarement au contraire des créances sur de simples particuliers. Assimiler les créances mobilières dont nous parlons aux effets de commerce, dire qu'on pourra les donner en gage sans qu'il y ait besoin d'acte enregistré et de signification au cédé, c'eût été d'une part faciliter la fraude, et d'une autre ne rendre aucun service au commerce qui ne fait' guère usage de ces créances.

Le § 5 donne au créancier gagiste le droit de recouvrer les créances qui lui ont été données en gage. Ce n'est pas le seul droit du créancier gagiste, en matière commerciale comme en matière civile. Il jouira de tous les bénéfices que lui donne le Code civil, et de plus il aura celui-là : il pourra recouvrer les effets de commerce dont il est nanti. Nous renvoyons donc à notre étude sur le droit civil, pour l'énumération de tous les droits du créancier gagiste en général.

On avait proposé un amendement pour sauvegarder les droits du tiers bailleur du gage, dans le cas où le produit du recouvrement excéderait la somme garantie par nantissement ; mais cet amendement fut rejeté comme inutile.

Ce que le législateur a voulu, c'est que l'échéance de l'effet donné en nantissement arrivant avant celle de la dette pour laquelle le gage a été constitué, le créancier gagiste pût recouvrer cet effet, et que le tiers cédé n'eût aucune crainte de payer entre ses mains. Sans cette disposition de la loi, le débiteur de l'effet aurait refusé de payer, un protêt et des frais en auraient été la conséquence. Celui au nom duquel l'effet a été endossé en garantie non-seulement pourra, mais encore devra opérer le recouvrement aux termes de la loi, c'est-à-dire à jour fixe. Il est chargé des poursuites, et doit faire tous les actes conservatoires, et protêt si le paiement est refusé.

La loi n'autorise que le recouvrement des effets de
commerce, et ne parle pas des autres valeurs ; cette
exception s'explique par la régularité qui doit être
mise au recouvrement de ces effets. Le principe que le
créancier gagiste n'est, jusqu'à l'échéance, que dépositaire (art. 2079 du Code civil) reste donc dans tous
les autres cas applicable ; et le créancier gagiste ne
pourra toucher le montant des valeurs autres que
les effets de commerce, que s'il est muni d'un mandat
de son débiteur.

Supposons l'effet de commerce recouvré, et le
prix touché supérieur à la somme due, le créancier
gagiste devra payer à son débiteur l'excédant, sans
attendre le terme. Si au contraire le produit du recouvrement est inférieur à la somme due, le créancier
gagiste pourra à l'échéance, comme un créancier ordinaire, poursuivre son débiteur et le contraindre à
payer le supplément.

Article 92 :

« Dans tous les cas, le privilége ne subsiste sur le
gage qu'autant que ce gage a été mis et est resté en
la possession du créancier ou d'un tiers convenu entre
les parties. — Le créancier est réputé avoir les marchandises en sa possession, lorsqu'elles sont en sa possession dans ses magasins ou navires, à la douane, ou
dans un dépôt public, ou si, avant qu'elles soient ar-

rivées, il en est saisi par un connaissement ou une lettre de voiture. »

Dépossession du débiteur, mise en possession du créancier gagiste, voilà des éléments essentiels pour assurer le privilége du créancier gagiste aux termes du Code civil; le Code de commerce, ou plutôt la loi du 21 mai 1863, n'y a rien ajouté. Bien plus, elle l'a répété pour qu'on ne pût se méprendre et qu'on ne supposât pas en faveur du commerce des innovations que le législateur n'a jamais eu l'intention d'introduire. Entre le créancier gagiste et le débiteur le contrat de gage fait naître un lien de droit ; en dehors de la possession, il n'en fait pas naître entre eux et les tiers. Nous avons dit plus haut les moyens usités pour transférer la possession: nous n'y reviendrons pas. De nombreuses questions de fait peuvent se présenter; les juges auxquels elles seront soumises auront un souverain pouvoir d'appréciation ; mais ils n'auront le droit de reconnaître le privilége du créancier gagiste qu'autant qu'il auront décidé qu'il a été mis en possession. Qu'il s'agisse de meubles corporels ou incorporels; peu importe.

Puisque nous traitons du privilége du créancier gagiste, il est bon de voir comment il s'exercera en cas de faillite du débiteur. Si le gage a été constitué avant les dix jours qui précèdent la cessation de paiements, pas de difficulté. S'il a été constitué dans ces dix jours ou postérieurement, il pourra être déclaré non valable par le tribunal de commerce ; mais voici une espèce toute particulière et qui mérite notre attention. L'article 446 du Code de commerce qui déclare nul et de nul effet tout acte de nantissement consenti par le débiteur failli dans les dix jours qui ont précédé la cessation des paiements ; cet article est-il applicable à la substitution de gage?

Un débiteur en état de cessation de paiements s'est entendu avec son créancier gagiste, sans qu'il y ait fraude, et a obtenu de lui la restitution de son gage, moyennant la remise en gage d'un autre objet de même valeur. La Cour de cassation, par arrêt du 12 août 1867, a décidé qu'il n'y avait là aucune stipulation prohibée, que cette novation ne tombait pas sous le coup de l'article 446 du Code de commerce, et que le créancier gagiste était valablement nanti du nouveau gage à l'égard des autres créanciers de son débiteur. Elle a donc, en vertu de son pouvoir souverain, cassé un arrêt de la Cour d'Aix du 17 janvier 1866, qui soutenait le système contraire que nous sommes fort enclin à adopter.

Qu'un tribunal de commerce, juge   sque toujours en fait, et ne trouvant dans le contrat particulier soumis à son appréciation aucune fraude, ait déclaré ce contrat valable, rien ne nous aurait étonné, mais que la Cour de cassation, qui n'a rien à voir au fait, et doit planer dans les hautes sphères de la doctrine, ait décidé de même contrairement à l'opinion de la Cour d'Aix, nous trouvons là de quoi nous surprendre. En effet, le plus souvent une semblable substitution n'aura pour but que de frauder les créanciers : sans nous occuper d'une hypothèse particulière, une pareille raison nous pousse à ne pas reconnaître le second contrat de nantissement valable à l'égard des tiers.

Décomposons le second contrat intervenu entre le débiteur et le créancier : nous trouvons la remise de l'ancien gage, et la constitution d'un nouveau gage. Dira-t-on que si la remise du premier gage n'a été faite qu'en vue de la constitution du second, et que si la constitution du second n'est pas valable (art. 446) la remise du premier gage aura été nulle faute de cause ? Nulle entre le débiteur et le créancier, soit, mais non à l'égard des tiers, car le créancier gagiste a cessé d'être en possession, et par conséquent d'être nanti. Quant au second contrat, les autres créanciers du débiteur peuvent en contester la validité aux termes de l'article 446 du Code de commerce. La Cour de cassation peut juger autrement qu'elle ne l'a fait, et nous ne serions pas étonné que dans l'avenir elle statuât d'une façon différente dans une espèce semblable ; car, selon nous, les vrais principes de droit ont été appliqués par l'arrêt de la Cour d'Aix.

Est-il bien nécessaire que le créancier ait pris effectivement possession de l'objet donné en gage, pour que son privilège soit inattaquable ; c'est à cette question

que répond le second alinéa de notre article 92 : « Le
créancier est réputé avoir les marchandises en sa
possession, quand elles sont en sa possession dans ses
magasins ou navires, à la douane ou dans un dépôt public ; ou si, avant qu'elles soient arrivées, il en est
saisi par un connaissement ou une lettre de voiture. »

Cette phrase n'était pas inutile, car avant la loi de
1863 le privilége du commissionnaire avait été souvent
contesté sous prétexte que le commissionnaire n'avait
pas pris possession, et que les marchandises pour lesquelles il avait fait des démarches ou des avances de
fonds avaient été expédiées, mais n'étaient pas encore
arrivées à destination.

Observons que le désaisissement du débiteur est
toujours nécessaire ; et que quelquefois il suffira que
le créancier ait pris possession, pour transférer le droit
de gage.

L'article 92 § 2 déclare que le créancier gagiste est
saisi lorsque les marchandises sur lesquelles porte le
droit de gage sont arrivées dans ses magasins ou dans
ses navires, en douane ou dans un dépôt public. Il
était bien inutile de dire que le créancier gagiste
serait en possession quand la chose aurait pénétré
dans ses magasins ou ses navires. C'est la possession
réelle, personne ne peut songer à la contester. La
douane est une espèce de dépôt public, la marchandise
est remise en douane au nom du créancier gagiste,

c'est le créancier gagiste qui peut la retirer en payant l'impôt ; elle est donc là comme dans les propres magasins du créancier ; nous pouvons encore citer comme exemple d'un dépôt public, la halle aux farines. Nous réservons un chapitre spécial à l'étude du mécanisme des Magasins généraux.

Les marchandises ont été transportées, et sont arrivées à destination dans les différentes hypothèses que nous venons d'examiner ; marchandises en douane, en dépôt public, etc... mais le législateur a voulu qu'avant même d'être arrivées à destination, elles puissent être données en gage, et que, du moment même où le débiteur s'est dessaisi, la tradition puisse être réputée faite. De là cette disposition.

« Le créancier gagiste est saisi par un connaissement ou une lettre de voiture. » Si les marchandises voyagent par terre la lettre de voiture opérera la tradition, si elles voyagent par mer, ce sera le connaissement qui l'opérera.

Le connaissement est le récépissé remis par le capitaine du navire à celui dont il transporte les marchandises. Le capitaine remettra les marchandises à celui qui lui rendra son récépissé, lors du déchargement. On voit quelle est l'utilité du connaissement ; les denrées qui ont été chargées sur le navire et dont le connaissement décrit le poids et la qualité pourront en voyageant être l'objet d'un commerce. Le nantissement doit indiquer : le nom du chargeur, le nom et l'adresse de celui auquel l'expédition est faite ; le nom et le domicile du capitaine, le nom et le tonnage du navire, le lieu de départ et celui de la destination, le prix du frêt, les marques et numéros des objets à transporter. Il peut être à ordre, ou au porteur, ou à personne dénommée.

Malgré les précautions que la loi a prises, et les détails qu'elle a donnés du caractère du connaissement, la jurisprudence a été longtemps avant de déterminer sa nature. Le connaissement doit-il être assimilé à la lettre de change, et énoncer la valeur fournie ? Parmi les différents arrêts et les différentes solutions nous ne citerons que la décision prise par la Cour de cassation le 1er mars 1843, qui déclare que dans le cas où la valeur fournie n'aura pas été énoncée, le connaissement comme la lettre de change ne vaudra que comme procuration. En effet, à l'égard des tiers, il faut que le connaissement opère la dépossession du débiteur et la saisine du créancier.

Le connaissement nous amène tout naturellement à dire quelques mots du droit commercial maritime. Le capitaine du navire a comme le voiturier un privilége pour le transport sur les marchandises qu'il a fait charger. Le navire et le frêt sont spécialement affectés aux loyers des matelots. Enfin, un navire peut être l'objet d'un droit de nantissement. Le débiteur remettra à son créancier les pièces nécessaires pour opérer la vente du navire, et ce dernier fera inscrire

sur les registres maritimes son droit de nantissement,
pour que les tiers n'ignorent pas le contrat. On trouve
ici une certaine analogie avec les transferts à titre de
nantissement opérés sur les registres d'une compagnie,
et dont nous avons parlé dans un chapitre précédent.

L'art. 102 du Code de commerce nous indique les
éléments que doit renfermer une lettre de voiture, et
les énonciations qu'elle doit contenir; elles peuvent
être assimilées au connaissement maritime, transmises
par voie d'endossement ; c'est tout ce que nous croyons
devoir rappeler: notre sujet ne comporte pas d'autres détails.

ARTICLE 93 :

« A défaut de paiement à l'échéance, le créancier
peut, huit jours après une simple signification faite au
débiteur et au tiers bailleur du gage, s'il y en a un,
faire procéder à la vente publique des objets donnés
en gage. — Les ventes autres que celles dont les agents
de change peuvent seuls être chargés, sont faites par le
ministère des courtiers. Toutefois, sur la requête des
parties, le président du tribunal de commerce peut
désigner, pour y procéder, une autre classe d'officiers
publics. Dans ce cas, l'officier public, quel qu'il soit,
chargé de la vente, est soumis aux dispositions qui régissent les courtiers, relativement aux formes, aux

tarifs et à la responsabilité. — Les dispositions des articles 2 à 7 inclusivement de la loi du 28 mai 1858, sur les ventes publiques, sont applicables aux ventes prévues par le paragraphe précédent. — Toute clause qui autoriserait le créancier à s'approprier le gage, ou à en disposer sans les formalités ci-dessus prescrites, est nulle. »

La loi de 1863 sur le nantissement commercial était une loi de progrès, elle ne pouvait laisser subsister les lenteurs qui entouraient la réalisation du gage.

L'art. 2078 du Code civil interdisait au créancier-gagiste non payé à l'échéance, de faire vendre le gage avant d'avoir obtenu l'autorisation du tribunal. Si l'on eût maintenu en matière commerciale cette disposition timorée du droit civil, on aurait atteint un tout autre but que celui qu'on se proposait. L'art. 2078 est fait pour sauvegarder les droits du débiteur, et le protéger dans son malheur ; mais que serait-il arrivé, s'il eût été maintenu en droit commercial ? Le débiteur en eût été la première victime. En effet, ce qu'il fallait, c'était multiplier les emprunts sur gage ; or, les banquiers ou les capitalistes auraient-ils consenti toujours à prêter leur argent, recevant pour garantie un gage si difficile à réaliser ? La plupart du temps, ils auraient gardé leur argent pour des spéculations moins lentes et moins compliquées, et n'auraient répondu que par des refus aux demandes des emprunteurs.

Vouloir trop protéger le débiteur, c'était lui nuire !

Fallait-il faire un retour à la loi romaine qui permettait, au moins dans la généralité des cas, au créancier-gagiste non payé, de faire vendre immédiatement l'objet qu'il avait reçu en gage ? Des lois d'exception avaient attribué ce droit à la Banque de France, au Comptoir d'Escompte, au Crédit Foncier, etc.

Enfin, en 1858, le même privilége avait été étendu aux Magasins généraux, et le commerce n'en souffrait pas.

Cependant une telle mesure était rigoureuse, et les intérêts du créancier-gagiste n'exigeaient pas tant de sévérité. On comprenait qu'une pareille rigueur fût nécessaire au mécanisme des grands établissements de crédit ; mais ce n'était pas une raison pour l'appliquer aux simples particuliers. Entre le droit de vente immédiatement accordé au créancier-gagiste non payé, et les longues formalités prescrites par l'art. 1078, il y avait un moyen terme ; la commission chargée de l'étude du projet de loi le comprit sans peine. A l'unanimité on décida que l'article 1078 ne serait pas applicable en matière commerciale ; mais différentes propositions pour le remplacer furent soumises à l'assemblée. M. Dalloz proposa la signification et le délai d'un mois. Cette procédure parut à bon droit beaucoup trop longue, et la proposition fut rejetée. M. Millet voulait qu'on remplaçât l'autorisation du tribunal par une simple ordonnance du président du tribunal de commerce. C'était une simplification bien minime, et puisqu'on était dans la voie du progrès, il fallait montrer plus de hardiesse, et ne pas prendre de demies mesures. L'assemblée législative trouva une solution qui conciliait tous les intérêts ; elle permit au créancier non payé de vendre le gage huit jours après la signification faite au débiteur et au bailleur du gage ; en effet, un tiers peut avoir engagé sa chose pour la dette d'un autre ; il faut qu'il soit averti et puisse, en désintéressant le créancier, rentrer en possession d'un objet auquel il peut tenir. On ne saurait trop approuver cette décision du législateur qui concilie tous les intérêts, facilite les avances sur nantissement, donne de la sécurité à l'emprunteur en lui accordant un délai de huit jours et toutes les garanties d'une vente aux enchères. Tous ces avantages ont été très-judicieusement exposés par le rapporteur du projet de loi.

Quelles formalités doivent entourer la vente du gage ? C'est à cette question que répond le second paragraphe de notre art. 93. L'art. 76 du Code de commerce, d'accord avec l'arrêté du 27 Prairial an X, consacre le monopole des agents de change pour les négociations des effets publics et autres susceptibles d'être cotés. Les effets créés par l'État ou les grandes compagnies qui sont cotés à la Bourse ne peuvent être négociés qu'à la Bourse et par l'entremise des agents de change. La garantie est plus que suffisante pour le créancier et le débiteur ; la Bourse est le rendez-vous de tous les acheteurs, elle se tient dans un local connu,

à des heures connues; il n'est pas une valeur admise
à la cote qui ne soit chaque jour l'objet de plusieurs
négociations, et la valeur de l'effet que l'on veut
vendre y sera mieux appréciée que partout ailleurs; il
n'y a donc pas à craindre que cet effet y soit vendu à
vil prix, ce qui aurait pu arriver si un officier minis-
tériel quelconque avait été chargé d'opérer la vente
aux enchères dans un autre lieu. Les ventes sont
affichées à la Bourse, ce qui assure la publicité.

Quant aux ventes des marchandises qui ne rentrent
pas dans l'article 76 du Code de commerce, elles ne
sont plus de la compétence des agents de change, et
ce sont, en principe, les courtiers qui en sont chargés.
Nous n'avons pas besoin de rappeler ici les attributions
des courtiers de commerce, depuis l'art. 486 du Code
de commerce jusqu'à la loi de 1866 qui établit la liberté
du courtage. Aux termes des art. 2 et 4 de la loi du
18 juillet 1866, il existe toujours des courtiers, et ce
seront eux qui seront chargés de vendre les marchandises données en gage. Mais s'il n'y a pas de courtiers
dans la localité, ou si les parties trouvent leur intérêt
à faire procéder à la vente par un autre officier minis-
tériel, l'intermédiaire des courtiers n'est pas de droit
strict, essentiellement obligatoire.

Les parties intéressées peuvent s'adresser au président du tribunal de commerce qui peut commettre tel
autre officier public pour procéder à la vente aux enchères ; mais cet officier public sera soumis aux dispo-

sitions qui régissent les courtiers, relativement aux
formes, aux tarifs, aux responsabilités. Cette dernière
phrase doit être remarquée, et ne manque pas d'importance

L'officier public, désigné en place du courtier, sera
le plus souvent un notaire ou un commissaire-priseur ; or, ils pourraient être tentés comme en matière
ordinaire d'exiger des honoraires considérables ; ils se
ront soumis au tarif des courtiers. Les frais d'enregistrement de la vente n'excéderont plus le décime pour
cent francs ; des affiches seront posées ; une requête
contenant l'énumération et l'état des marchandises
présentée au président du tribunal de commerce ; enfin si l'officier public a fait crédit, c'est à ses risques
et périls.

Nous n'avons rien à dire au sujet du troisième para·
graphe ; il nous renvoie à la loi qui régit la vente du
gage par les Magasins généraux ; nous étudierons cette
loi, quelques pages plus loin ; pour éviter des redites
nous rappellerons seulement que les art. 2 à 7 dont
parle l'art. 93 du Code de commerce sont relatifs à la
vente des marchandises par le courtier, et affirment la
compétence du tribunal de commerce pour toutes les
questions que cette vente peut soulever.

Toute clause qui autoriscrait le créancier à s'approprier le gage, ou à en disposer sans les formalités ci-
dessus prescrites, est nulle. Telle est la dernière disposition de la loi de 1863 ; elle n'a pas besoin de com-

mentaire ; c'est, en effet, la reproduction mot pour mot de l'art. 2070, § 2, du Code civil. Le pacte commissoire est nul, aussi bien en droit commercial qu'en droit civil. Dans tous les cas, en effet, ce pacte est immoral ; il est nul, mais ne vicie point le contrat, comme le ferait l'adjonction d'une condition immorale ou impossible. Il ne faut pas perdre de vue que la loi, en prohibant le pacte commissoire, n'a eu qu'un but : protéger l'emprunteur.

Il ne nous reste plus qu'à étudier les lois qui régissent certains établissements spéciaux : la Banque de France, les Docks, le Comptoir d'Escompte, etc...

Le nantissement y est simplifié, comme nous le verrons ; mais de toutes ces institutions, la plus importante, au point de vue du contrat qui nous occupe, est assurément celle des Magasins généraux ; c'est par elle que nous commencerons.

DOCKS OU MAGASINS GÉNÉRAUX

Avant de commenter la loi du 28 mai 1858 qui régit actuellement les Magasins généraux, d'expliquer leur mécanisme et leur fonctionnement, jetons un coup d'œil rétrospectif. Un État, disions-nous, prospère surtout par le crédit; or, parmi toutes les institutions qui le facilitent, celle des Magasins généraux est une des plus importantes. Depuis longtemps la nécessité d'en créer se faisait sentir, l'Allemagne, la Hollande et l'Angleterre en possédaient sans que la France osât prendre l'initiative de les autoriser chez elles. Il fallut pour cela une crise commerciale et industrielle comme celle qui se produisit en 1848. A cette époque la production suivait son cours, mais l'écoulement des marchandises était arrêté ; les fabricants se trouvaient donc riches en produits qu'ils ne pouvaient pas vendre, et privés de numéraire, car les capitalistes ne se souciaient guère de faire des avances de fonds sans garanties. D'un autre côté, il était fort difficile de donner en gage à un banquier des denrées encombrantes que celui-ci n'aurait su où placer. Il en résultait que les industriels étaient forcés d'arrêter la fabrication ou de vendre à vil prix ce qu'ils auraient pu vendre très-cher quelques mois plus tard. De là s faillites et des ouvriers sans travail. Le gouvernement de la République sentant les dangers qu'une telle situation faisait naître, se décida à faire ce qui depuis longtemps aurait dû être fait : c'est-à-dire à autoriser les Magasins généraux ; et le besoin était si pressant, que ces magasins furent établies d'urgence par le décret du 21 mars 1848. Mais ce décret et les circulaires ministérielles qui l'accompagnèrent ne furent pas assez hardis dans leurs innovations, ils entourèrent de formalités, de frais et de lenteurs la création nouvelle, et n'osèrent pas adopter le système anglais. Ce n'est que dix ans plus tard, le 28 mai 1858, que le décret de 1848 fut abrogé, et remplacé par une loi bien plus complète. Nous avons si bien adopté le système anglais, que nous avons conservé les expressions mêmes consacrées en Angleterre. Les Magasins généraux sont le plus souvent désignés sous le nom de Docks qui signifie en anglais bassin, réceptacle, lieu de dépôt, et les reçus délivrés par l'administration sous ceux de weight-note (note de poids) et de warrant.

Les nouvelles lois sont de moins en moins laconiques, et beaucoup plus explicatives que les anciennes. Celle qui régit les Magasins généraux, est à la fois très-claire et très-détaillée.

Un industriel dépose dans un Dock le produit de sa fabrication, l'administration lui délivre un reçu qu'elle détache d'un registre à souche. Le reçu se décompose en récépissé et en warrant ; si le récépissé et le warrant ne sont pas séparés, celui qui les représentera pourra retirer les marchandises déposées, mais ils peuvent être détachés et dans ce cas le warrant servira à établir les droits de gage que le déposant a pu consentir à un tiers ; le weight-note ou récépissé le droit de toucher le reliquat du prix de vente après désintéressement du porteur du warrant.

Pour que l'institution des Magasins généraux puisse prospérer, il ne faut pas que le premier venu solvable ou non puisse en établir pour son compte personnel, reçoive les marchandises et les vende à son profit. La fraude aurait été trop facile si la loi n'y avait pris garde. Les Magasins généraux sont ouverts, les chambres de commerce ou les chambres consultatives des arts et manufactures entendues, avec l'autorisation du gouvernement, et placés sous sa surveillance. L'État examine les demandes qui lui sont faites et exige le dépôt d'un cautionnement ; il a de plus un droit de contrôle sur les établissements qu'il a autorisés. La fraude n'est donc pas à craindre. Le récépissé et le warrant, ou bulletin de gage, doivent énoncer les noms des déposants, leurs profession et domicile, ainsi que la nature de la marchandise déposée et les indications propres à en établir l'identité et à en déterminer la valeur (§ 1).

Le récépissé et le warrant sont susceptibles d'être transmis par voie d'endossement. La plupart du temps le warrant et le récépissé seront endossés séparément ; le dernier possesseur du récépissé retirera sa marchandise du magasin général après avoir remboursé le dernier possesseur du warrant.

Mais, dira-t-on, comment le porteur du récépissé connaîtra-t-il la valeur exacte de ce récépissé ? le warrant a été détaché, c'est qu'un droit de gage a été consenti sur les marchandises dont l'endossement du récépissé lui transfère la propriété, quelle est l'étendue de ce droit de gage ? La loi a prévu cette hypothèse dans l'article 5, § 2. Elle veut que le premier cessionnaire du warrant fasse transcrire l'endossement sur les registres du magasin, avec les énonciations dont il est accompagné et qu'il soit fait mention de cette transcription sur le warrant. C'est une formalité essentielle qui gêne peu le cessionnaire du warrant ; il n'est pas besoin en effet que chaque fois que le warrant est endossé mention en soit faite sur les registres.

Une seule déclaration est utile, la première. Cela ne paralyse donc en rien la transmission du warrant et n'apporte aucune lenteur dans les négociations, et l'on obtient ainsi un excellent résultat. En effet, celui au profit duquel le récépissé est endossé, avant de traiter avec le cédant, demandera communication des registres du magasin, il y verra les énonciations contenues dans le warrant en circulation, et connaîtra de suite la valeur exacte des marchandises qu'il achète. Mais comme le récépissé ne contient pas ces énonciations, toute personne qui voudra se le faire céder, devra préalablement se renseigner près de l'administration du Dock où les marchandises sont déposées.

Le cessionnaire du récépissé devient propriétaire des marchandises, il peut donc les reprendre ou les faire vendre à son choix, tous droits du porteur du warrant réservés.

Le warrant et le récépissé sont lancés dans la circulation ; le cessionnaire de l'un ignore quel est le cessionnaire de l'autre, c'est un inconvénient, car ces deux personnes peuvent avoir intérêt à se connaître, pour opérer un paiement et libérer la marchandise avant le terme fixé. Supposons, en effet, une hausse subite du prix des marchandises déposées ; mais suivant les prévisions du porteur du récépissé, véritable propriétaire de ces marchandises, la hausse sera de peu de durée, et à l'échéance de la dette ces mêmes marchandises seront en baisse. Il ne connaît pas le porteur du warrant, ou ce dernier, content du placement qu'il a fait et de l'intérêt qu'il retire de la somme par lui prêtée, refuse de recevoir son remboursement avant l'échéance, en l'absence de toute disposition de la loi, le cessionnaire du récépissé ne pourrait pas agir, force lui serait d'attendre patiemment l'échéance, et ce retard pourrait lui être très-préjudiciable. L'article 6 lui donne dans l'un et l'autre cas un moyen de retirer ses marchandises du dépôt et de profiter de l'occasion qui lui est offerte de les vendre à un prix élevé ; il consignera à l'administration du magasin général qui en demeure responsable, la somme due, y compris les intérêts jusqu'à l'échéance, et cette consignation libérera la marchandise.

A défaut de paiement à l'échéance, le porteur du warrant séparé du récépissé, peut, huit jours après le protêt, et sans aucune formalité de justice, faire procéder à la vente publique aux enchères et en gros, de la marchandise engagée, dans les formes et par les officiers publics indiqués dans la loi du 28 mai 1858. — Dans le cas où le souscripteur primitif du warrant l'a remboursé, il peut faire procéder à la vente de la marchandise, comme il est dit au paragraphe précédent, contre le porteur du récépissé, huit jours après l'échéance, et sans qu'il soit besoin d'aucune mise en demeure. Cette dernière hypothèse n'est pas autre chose qu'un paiement avec subrogation ; le souscripteur primitif qui a payé est subrogé de plein droit dans le privilége du créancier-gagiste. La première hypothèse prévoit le cas où le porteur du warrant n'est pas payé à l'échéance ; le protêt devra être fait ainsi qu'il est dit dans les articles 161 et 162 du Code de commerce.

Le créancier est payé de sa créance sur le prix, directement et sans formalité de justice, par privilége et préférence à tous les créanciers sans autre déduction que celle : 1° des contributions indirectes, des taxes d'octroi et des droits de douane dûs par la marchandise : 2° des frais de vente, de magasinage et autres frais pour la conservation de la chose.

Ainsi la régie n'exercera son privilége que pour les droits dûs par ces marchandises et il n'y aura pas lieu d'appliquer la loi du 6 août 1791, art. 22, titre 13, qui étendait le privilége de la régie à tout ce qui lui était dû, même par d'autres marchandises. Ces frais seront facilement connus, puisqu'aux termes de l'article 17 du décret-règlement du 12 mars 1859, à toute époque, l'administration du Magasin général est tenue, sur la demande du porteur du récépissé ou de warrant, de liquider les dettes et les frais énumérés par l'art. 8 de la loi du 28 mai 1858, sur les négociations de marchandises, et dont le privilége prime celui de la créance garantie sur le warrant ». Le bordereau de liquidation instruira le porteur du warrant.

Il se présentera bien rarement que le produit de la vente des marchandises soit absorbé par la créance du porteur du warrant et par les frais de douane ou de magasinage ; on n'avance guère sur nantissement que la moitié ou les trois quarts de la valeur représentative des marchandises dont on est nanti. Il y aura donc presque toujours un excédant du prix qui sera remis au porteur du récépissé s'il se présente ; mais s'il ne se présente pas, la somme sera consignée à l'administration du Magasin général. Si à l'échéance le porteur du warrant ne se présente pas, les choses ne peuvent rester longtemps dans cet état, et le porteur du récépissé peut provoquer la vente pour payer sur le prix qu'elle aura produit, les porteurs des warrants, et se faire délivrer le reliquat. C'est ce que la Cour de Paris a décidé dans un arrêt du 22 décembre 1868.

Supposons maintenant que le paiement intégral n'ait pas été effectué, le créancier peut alors mettre en cause les débiteurs secondaires, qui sont les endosseurs du warrant, et leur réclamer ce qui ne lui a pas été payé. Les délais fixés par les articles 165 et suivants du Code de commerce doivent être observés, et le point de départ est le jour où la marchandise est réalisée, et non le jour du protêt. Si le porteur du warrant n'a pas fait procéder à la vente dans le mois qui suit la date du protêt, il perdra son droit de recours. Accorder un plus long délai eût été fort dangereux ; c'eût été porter atteinte au crédit des endosseurs de les laisser sous la menace d'une poursuite. Un mois suffit largement au porteur du warrant pour faire procéder à la vente.

Mais quels sont les rapports entre le porteur du warrant et l'emprunteur, si la vente n'a pas produit un prix suffisant pour éteindre la dette. Il est inutile de dire que le porteur du warrant n'a aucune action contre le porteur du récépissé qui n'est point l'emprunteur, et n'a aucune obligation ; mais l'emprunteur, le sous-

cripteur du warrant a contracté une dette au paiement
de laquelle il a affecté un stock de marchandises déposées dans un Magasin général, si ces marchandises
ont diminué de valeur et ne représentent plus à l'é-
chéance que la moitié ou les trois quarts de la somme
qu'on lui a prêtée, s'en suivra-t-il que sa dette sera
éteinte ? Non, il devra payer au porteur du warrant le
supplément du prix. Si le porteur du warrant n'est pas
dans les délais prescrits par l'article 9 pour ses rapports avec les endosseurs, perdra-t-il son recours
contre l'emprunteur ; en un mot l'emprunteur peut-il
être assimilé à un endosseur du warrant? Non, la loi
n'en a pas parlé, et dans son silence nous ne pouvons
permettre à l'emprunteur d'opposer à son débiteur ou
du moins à celui qui le représente, d'opposer une déchéance qui l'enrichirait. Sa condition ne ressemble
en rien à celle des endosseurs du warrant ; ceux-ci ont
fourni la valeur réelle à celui qui leur avait cédé le
warrant, tandis que l'emprunteur a donné pour sûreté
des marchandises d'une valeur inférieure au montant
de la somme qu'il s'est procurée. Les endosseurs du
warrant *certant de damno vitando* ; l'emprunteur au
contraire *certat de lucro captando.* L'emprunteur peut
être assimilé au tireur de la lettre de change, il devra
justifier d'une provision suffisante, c'est-à-dire prouver
que la valeur de la marchandise représente le montant
de la créance et des frais ; dans ce cas le porteur né-
gligent du warrant n'aurait plus droit de recourir que

sur la marchandise, et contre le magasin responsable des détériorations survenues dans ses entrepôts.

Le porteur du warrant perd son recours contre les endosseurs et non contre l'emprunteur, s'il ne l'exerce dans le mois qui a suivi la vente des marchandises dont le prix n'a pas suffi à le désintéresser.

On voit que la loi n'est pas sévère; mais il ne faudrait pas croire que le créancier gagiste, porteur du warrant, pourra indéfiniment retarder la vente ; la loi qui protége les endosseurs aurait été dérisoire, puisqu'ils auraient été menacés de poursuites tant que les marchandises n'auraient pas été vendues. C'est pourquoi le législateur a exigé, sous peine de la même déchéance, que le porteur du warrant fît procéder à la vente du gage dans le mois qui suit le protêt. Les endosseurs du warrant sont donc à l'abri de tout recours quand deux mois se sont écoulés depuis l'échéance de la dette.

Vendre les marchandises dans le mois qui suit le protêt peut être quelquefois dangereux et pour le porteur du warrant et pour les endosseurs ; si, par exemple, la marchandise engagée est cotée à bas prix et que, suivant toutes les prévisions, deux ou trois semaines plus tard elle augmentera de valeur, il y a tout intérêt à attendre et pour le porteur du warrant qui sera payé intégralement par le prix des marchandises, et pour les endosseurs qui seront dispensés de payer la différence qui aurait résultée d'une vente immédiate. Une convention peut intervenir entre le porteur du warrant et les endosseurs pour augmenter ce délai d'un · mois dans lequel le créancier gagiste doit procéder à la vente du gage. Ce délai n'est pas d'ordre public.

L'endosseur a été poursuivi par le porteur dans les délais déterminés, ou il a acquiescé à sa demande, il prendra à l'égard des autres endosseurs et du débiteur principal la condition de celui qu'il a désintéressé, il sera subrogé aux droits du porteur du warrant et recourra à son tour contre les autres endosseurs ou directement contre le débiteur. La loi n'indique pas de délais dans lesquels il doit sous peine de déchéance exercer son action, mais il est bien évident qu'il ne peut impunément rester inactif. Deux systèmes se trouvent en présence, l'un est universellement enseigné par la doctrine, l'autre adopté par une jurisprudence constante. Suivant les auteurs le point de départ est le jour du protêt et l'endosseur subrogé doit avoir autant de délais qu'il y a d'endosseurs qui le précèdent.

La jurisprudence indique comme point de départ du délai le lendemain du jour de la citation en justice, ou le jour du remboursement si l'endosseur a payé le porteur du warrant. Le premier système est plus légal, il peut être déduit du texte même de la loi ; mais le second est bien plus pratique.

Une question très-importante se rattache à notre matière. Les warrants et les récépissés sont-ils des effets de commerce ? L'article 446 du Code de com-

merce nous montre une des applications journalières
de la solution que nous sommes appelés à donner ?
« Tout paiement fait autrement qu'en espèces ou effets
« de commerce, dans les dix jours qui ont précédé la
« cessation des paiements, est nul relativement à la
« masse. »

Supposons une faillite et la remise à titre de paiement
par le futur failli d'un warrant ou d'un récépissé à titre
de paiement à un tiers.

Voyons d'abord le warrant. Il a bien toutes les ap·
parences d'un effet de commerce, il est susceptible
d'être protesté et de donner lieu à des recours contre
l'emprunteur et les endosseurs, il peut être accepté
par des établissements publics de crédit avec dispense
d'une signature, mais une objection a été faite ; l'effet
de commerce est assimilé à un paiement fait en deniers
parce qu'il porte obligation aux deniers et qu'il constitue le souscripteur débiteur d'une somme à l'échéance. L'effet de commerce représente donc des
deniers, par lui-même. Est-ce bien là le caractère du
warrant ? L'article 2 de la loi du 28 mai 1858 nous
dit que l'endossement du warrant vaut nantissement
de la marchandise au profit du cessionnaire ; la même
loi qualifie le varrant de *Bulletin de gage.* Il est remis
soit pour la garantie d'un prêt soit pour la garantie
d'un remboursement ; il ne saurait pas être considéré
comme le paiement de la somme prêtée ou renouvelée;
les mots de garantie, gage, nantissement ne pouvant

se concilier avec celui de paiement et en étant même
la manifeste contradiction.

J'avoue que cette distinction me semble bien subtile,
et que dans tous les cas le warrant peut être assimilé
à un effet de commerce. Il y a une espèce qui n'admet
point la controverse et sur laquelle tous les auteurs s'accordent à reconnaître le warrant pour un
effet de commerce ; la voici : j'avais prêté sur nantissement de marchandises en magasin général ; j'ai
reçu un warrant. J'endosse ce warrant au profit de
l'un de mes créanciers, mais j'ai fait cet endossement
depuis la cessation de mes paiements ou dans les dix
jours qui l'ont précédée ; l'endossement du warrant
sera assimilé au paiement en deniers ou à l'endossement d'un effet public.

En effet j'ai transporté au bénéficiaire de l'endossement la créance en deniers sur le déposant, garantie
par le warrant.

Le récépissé est-il un effet de commerce ? peut-il
être valablement endossé au profit d'un créancier du
failli dans les dix jours qui précèdent la cessation de
paiements ? Sur ce point la jurisprudence a varié. Un
arrêt de la Cour de Paris du 31 décembre 1862, s'ap-
puyant sur ce que le titulaire est propriétaire des marchandises et en transfère la propriété par voie d'endossement, décide que le récépissé doit être assimilé
aux effets de commerce. Mais cette doctrine a été vivement combattue par des arguments irréfutables. En

effet la lettre de voiture et le connaissement affirment eux aussi le droit de propriété sur les marchandises, ils peuvent se transférer par voie d'endossement, mais ne sont pas des effets de commerce comme ceux dont parle l'article 446. La Cour de Lyon dans son arrêt du 27 février 1866 fait parfaitement ressortir le caractère du récépissé. « C'est un instrument de vente, destiné à « transférer la propriété des marchandises ; la remise « du récépissé est donc un paiement en marchandises « et non un paiement en effet de commerce. »

Nous en concluons que l'endossement du récépissé dont le warrant n'a pas été détaché doit être assimilé à l'endossement du récépissé, et qu'il ne sera pas valable s'il a été fait dans les dix jours qui précèdent la cessation des paiements.

Les porteurs de warrants et de récépissés ont sur les indemnités d'assurances dues au cas de sinistres, les mêmes droits et priviléges que sur la marchandise assurée.

Aux termes de l'article 12, celui qui a perdu un récépissé ou un warrant peut demander et obtenir par ordonnance du juge, en justifiant de sa propriété et en donnant caution, un *duplicata* s'il s'agit du récépissé, le paiement de la créance garantie s'il s'agit du warrant.

L'article 152 du Code de commerce prévoyant la perte d'une lettre de change avait donné la même solution qu'elle donne maintenant en cas de perte du warrant, mais celui qui a perdu la lettre de change doit non-seulement donner caution, mais encore prouver sa propriété par ses livres. On a pensé qu'il ne fallait pas user d'une pareille rigueur, et que le juge pour délivrer son ordonnance pouvait déterminer sa conviction par tous les éléments de preuve indiqués dans l'article 109.

Les dernières dispositions de la loi du 28 mai 1858 abrogent le décret du 21 mars et celui du 13 août 1848. La nouvelle loi a renouvelé tout le mécanisme des magasins généraux, et un décret du 28 mai 1858 les a réglementés.

Il ne nous reste plus à examiner que l'article 13 ainsi conçu : Les récépissés sont timbrés, ils ne donnent lieu pour l'enregistrement qu'à un droit fixe de un franc. — Sont applicables aux warrants endossés séparément des récépissés, les dispositions du titre 1er de la loi du 5 juin 1850, et de l'article 69 § 2, n° 6 de la loi du 22 frimaire an VII.

L'endossement d'un warrant séparé du récépissé non timbré ne peut être transcrit sur les registres du magasin, sous peine, pour l'administration du magasin, d'une amende égale au droit auquel le warrant est soumis. Les dépositaires des registres des magasins généraux sont tenus de les communiquer aux préposés de l'enregistrement, selon le mode prescrit par l'article 54 de la loi du 22 frimaire an VII, sous les peines y énoncées.

Il faut donc distinguer avec soin les droits de timbre des droits d'enregistrement. Le récépissé est un instrument de vente, le warrant est un instrument de crédit. Sont assujettis au droit du timbre établi en raison de la dimension, tous les papiers à employer pour les actes et écritures, soit publics soit privés.

Le récépissé est un certificat de propriété, il donne donc ouverture au droit de timbre dont nous venons de parler. L'article 1er de la loi du 5 juin 1850 frappe d'un droit de timbre proportionnel à sa valeur tout effet négociable. Or, nous avons vu que le warrant est un effet de commerce. On ne connaîtra donc la valeur de ce droit que lorsque le warrant sera rempli ; pour assurer l'exécution du règlement, la loi interdit aux administrateurs des magasins généraux de transcrire sur leurs registres un warrant non timbré on non visé pour timbre. Voici en pratique comment les choses se passent : sur le registre à souche de l'administration, tous les récépissés sont timbrés d'avance, les warrants ne le sont pas ; mais lorsque le warrant est découpé et séparé du récépissé on le fait viser pour timbre en payant le droit proportionnel conformément à la loi de brumaire an vii. Depuis le 1er janvier 1863, au lieu de faire viser pour timbre, on peut apposer un timbre mobile délivré par l'État.

Tant que le récépissé reste entre les mains du déposant, il n'y a pas mutation de propriété, et le fisc ne peut percevoir que le droit fixe de un franc ; toute transmission de propriété donne ouverture au droit proportionnel ; aux termes de la loi do frimaire an vii, ce droit proportionnel devrait être 2 %, par faveur pour les magasins généraux on l'a abaissé à 1 %.

Quant aux warrants, assimilés aux billets à ordre et aux effets de commerce autres que les lettres de change tirées de place à place, ils sont soumis au droit de cinquante centimes par cent francs.

Nous avons traité sommairement tout ce qui a rapport aux magasins généraux, sans nous étendre longuement sur les droits de rétention et de privilége que nous avons déjà développés tant en droit civil qu'en droit commercial ; nous n'avons pas exposé toute la théorie de l'endossement, le cadre de notre sujet ne nous le permettait pas, mais nous aurons atteint notre but si nous avons fait clairement ressortir ce qui est relatif au gage commercial.

DU GAGE

AU POINT DE VUE DES ÉTABLISSEMENTS
PRIVILÉGIÉS

La dernière partie de cette étude doit être consacrée à passer rapidement en revue certaines lois d'exception. Les grands établissements de crédit ; la Banque de France, le Crédit foncier, le Comptoir d'escompte, le sous-comptoir de garantie, le Mont de piété ont été autorisés à prêter sur gage, et dispensés de se conformer aux formalités que doit observer le créancier gagiste. Nous ne prétendons pas détailler les lois qui régissent chacun de ces établissements, nous nous bornerons à indiquer brièvement leur rôle quant au nantissement, et nous terminerons en disant quelques mots des couvertures d'agents de change et des reports en matière de Bourse.

Une des opérations que fait journellement la Banque de France, est ce qu'on nomme les avances sur dépôts. Cela n'a aucun rapport avec les dépôts volontaires ; et la Banque ne perçoit aucun droit de garde ; c'est un véritable prêt sur gage. L'article 20 de la loi du 16 janvier 1808 permettent à la Banque de prêter la valeur entière de la somme déposée qui ne peut être inférieure à dix mille francs. Chaque année le conseil général de la Banque fixe le taux de l'intérêt et le terme du remboursement. Le retirement anticipé ne donne aucun droit à la restitution de l'intérêt perçu.

La Banque délivre au déposant un récépissé à ordre et négociable par endossement : ce récépissé indique : la demeure du déposant, la date du dépôt et du jour où il doit être retiré, le montant de la somme avancée par la Banque. Il y est encore énoncé, qu'en cas de non-remboursement à l'échéance de la somme prêtée, ce récépissé sera nul.

Voilà une disposition ambiguë qui mérite notre attention ; il semble que l'article 2078 du Code civil est abrogé, et que le pacte commissoire est permis exceptionnellement en faveur de la Banque ; mais l'idée mal exprimée du législateur est tout autre ; il n'a nullement entendu autoriser le pacte commissoire. En cas de non-paiement à l'échéance, l'objet engagé ne pourra être retiré ; mais la Banque n'a pas le droit de se l'attribuer en paiement ; le porteur du récépissé fera sommation à la Banque d'avoir à restituer l'objet contre le paiement du principal et des intérêts, de ses avances, ou de le vendre et, après s'être payé sur le prix, de lui restituer le reliquat du prix de vente.

La Banque ne prête pas seulement sur nantissement

de lingots, monnaies et métaux précieux ; la loi du 16 janvier 1808 l'autorise à faire des avances sur effets publics lorsque leurs échéances sont déterminées; celle du 17 mai 1834 lui permet de prêter sur nantissement d'effets publics français à échéance fixe ou non. Enfin, elle peut encore faire des avances sur les obligations de chemin de fer (Décret du 3 mars 1852) ; sur les obligations de la ville de Paris (Décret du 28 mars 1852) ; sur les obligations du Crédit foncier (Loi du 9 juin 1857).

La surveillance exercée par l'État sur la Banque de France, le crédit immense dont elle jouit, et la nécessité, pour lui conserver ce crédit, de faciliter et de simplifier ses opérations, ont déterminé le législateur à lui accorder de grands priviléges. Ces priviléges résultent de la loi du 17 mai 1834 et de l'ordonnance du 15 juin 1836.

Un engagement, même sous seing privé, non enregistré, constate le gage à l'égard des tiers : c'est l'abolition en faveur des rapports de l'emprunteur avec la Banque de France de l'article 2076 du Code civil. L'emprunteur devra rembourser la Banque dans un délai de trois mois, et s'engage vis-à-vis d'elle à la couvrir du montant de la baisse qui pourrait survenir dans le cours des effets par lui transférés, si cette baisse atteint 10 0/0.

Si l'emprunteur ne satisfait pas à l'engagement souscrit, la Banque aura le droit de faire vendre à la

Bourse, par le ministère d'un agent de change, tout ou partie des effets qui lui auront été transférés, savoir : 1° à défaut de couverture, trois jours après une simple mise en demeure par acte extra-judiciaire ; 2° à défaut de remboursement, dès le lendemain de l'échéance, sans qu'il y ait besoin de mise en demeure, ni d'aucune formalité. La Banque se remboursera sur le produit net de la vente, du montant de ses avances en capital, intérêts et frais ; le surplus s'il y en a sera remis à l'emprunteur. — Ces conditions seront exprimées et consenties par l'emprunteur, dans l'engagement prescrit par les articles 3 et 4 de l'ordonnance de 1836.

Il n'arrive jamais en pratique que la Banque omette de faire signer ces engagements par l'emprunteur, mais il résulte de notre dernier alinéa, que si elle l'avait omis, on rentrerait dans le droit commun.

Aucun texte n'autorise la Banque à faire des avances sur obligations hypothécaires ; mais elle peut le faire néanmoins, et la jurisprudence décide qu'il faut s'attacher plutôt à l'esprit de la loi qu'à sa lettre ; les obligations hypothécaires peuvent être assimilées à celles du Crédit foncier. Ce que le législateur a voulu, c'est que la Banque de France ne détruisît pas son prestige si nécessaire, et n'ébranlât pas son crédit par des prêts aventureux ; et nous devons reconnaître qu'il a parfaitement atteint son but.

Les comptoirs et sous-comptoirs d'escompte et de

garantie, autorisés à faire des avances sur marchandises, titres et valeurs, peuvent exercer leurs droits conformément à l'article 9 du décret du 24 mars 1848; huit jours après une simple mise en demeure, ils peuvent procéder à la vente publique des marchandises ou valeurs qu'ils ont reçues en nantissement.

Le Crédit Foncier, une de nos plus grandes institutions financières, dont la destination est de venir en aide aux propriétaires d'immeubles et aux agriculteurs, a été aussi favorisé par le législateur. Traitant du prêt sur gage et non de l'hypothèque, nous n'avons pas à nous étendre sur l'organisation du Crédit foncier.

Cet établissement peut se livrer à deux genres d'opération : prêter à courte échéance, et faire des avances de capitaux sur première hypothèque, remboursables par annuités. C'est ce dernier mode qui est le plus usité. Les annuités sont payables de semestre en semestre ; à défaut de paiement à l'échéance, la société peut exiger le remboursement intégral du capital, un mois après la mise en demeure. Le Crédit foncier perçoit 5 0/0 d'intérêts sans comprendre l'annuité d'amortissement et le droit de commission. Il n'y a pas là de violation de la loi de 1807 relative au taux de l'intérêt, car l'opération est aléatoire ; la jurisprudence le décide ainsi ; mais il en serait autrement, si le Crédit foncier avait stipulé qu'en cas de non-paiement à l'échéance, il pourrait outre le remboursement du capital, exiger une ou plusieurs annuités à titre d'indemnité (Cassation, 31 mai et 30 juillet 1834 ; Cour de Lyon, 4 mars 1836).

Aux termes de la loi du 19 juin 1857, les articles 2074, 2075 et 2078 du Code civil ne sont point applicables aux avances sur dépôts d'obligations foncières que la société du Crédit foncier de France est autorisée à faire par l'article 2 de ses statuts. Le privilége de la société du Crédit Foncier sur l'obligation donnée en nantissement résulte de l'engagement souscrit par l'emprunteur dans la forme prescrite par les articles 3 et 5 de l'ordonnance du 15 juin 1834, relative aux avances faites sur effets publics par la Banque de France.

A défaut de remboursement, dès le lendemain de l'échéance, la société du Crédit Foncier peut, sans qu'il soit besoin de mise en demeure, faire procéder, par le ministère d'un agent de change, à la vente du titre, conformément aux dispositions du même art. 5 de l'ordonnance précitée.

On évite ainsi toutes les lenteurs et toutes les formalités gênantes qui rendent difficile le prêt sur gage ; et la surveillance exercée par l'État sur le Crédit foncier, comme sur la Banque de France garantit l'emprunteur contre toute spoliation inique et contre les agissements d'un prêteur avide.

Le Mont de Piété est un établissement de prêt sur gage, essentiellement philanthropique, dit-on, et non commercial. Son but est de prêter aux pauvres, sur nantissement de leurs effets mobiliers, des sommes payables au plus tard un an après le prêt. L'emprunteur peut, en payant les intérêts faire proroger l'échéance à son gré. Les Monts de piété, d'origine italienne, prirent difficilement racine en France ; on les essaya sous Louis XIII et sous Louis XIV, Necker en favorisa l'institution qui sembla prospérer sous son ministère ; la Révolution détruisit son œuvre, qui fut enfin réorganisée en 1804, et fleurit aujourd'hui, rendant des services incontestables, mais présentant aussi de bien graves inconvénients.

L'emprunteur est le nécessiteux qui sollicite une avance de fonds du Mont de piété ; le créancier gagiste est l'établissement qui fait les avances sur nantissement ; le gage est la somme déposée.

Par faveur, les Monts de piété sont dispensés des formalités de droit commun ; le contrat de gage est prouvé sans qu'il y ait besoin d'acte notarié ou de sous-seing privé enregistré ; en cas de non-remboursement du capital et des intérêts un an après l'époque à laquelle les avances ont été faites, sans qu'il y ait besoin de demande en justice, ni de signification au débiteur, après l'apposition d'une affiche, conformément à l'article 76 du règlement général, le Mont de Piété fait vendre l'objet qu'il a reçu en gage. Comme les Monts de piété ne prêtent jamais qu'avec la plus grande circonspection et n'avancent que la moitié de la valeur des objets déposés, on n'a pas à craindre que le produit de la vente soit inférieur à la somme prêtée.

Si, par impossible, cela se produisait, l'établissement n'aurait de recours que contre le commissaire-priseur imprudent, accrédité auprès de lui.

La vente produit-elle une somme supérieure à celle qui a été prêtée, le boni sera remis à l'emprunteur qui justifiera de ses droits ; si, après trois années, il n'a fait aucune réclamation, ce boni sera attribué à l'assistance publique.

Le titre qui constate les droits du débiteur est le récépissé délivré par l'administration. Son caractère n'est pas commercial, on ne le transmet point par voie d'endossement, mais c'est un véritable titre au porteur ; celui qui présentera le récépissé, plus connu dans la pratique sous le nom de reconnaissance, et qui paiera le capital et les intérêts de la somme avancée, pourra se faire délivrer le gage. De cette façon, les intérêts du pauvre paraissent bien sauvegardés, l'institution des Monts de piété paraît être toute de bienfaisance : en effet, immédiatement, sans formalités, les malheureux peuvent se procurer de l'argent, retirer du jour au lendemain le gage dont ils ont besoin quand les capitaux sont rentrés dans leur maison, enfin s'ils ont de nouveau besoin d'argent ils vendront les reconnaissances puisqu'il est de notoriété générale que les avances ne dépassent guère la moitié de la valeur vénale du gage.

Mais voici les inconvénients ; le but des Monts de piété était peut-être philanthropique, dans le principe;

avec un gros intérêt, on perçoit des droits de commission, des droits d'escompte, etc., ce qui rend l'emprut très-onéreux. D'un autre côté, les reconnaissances donnent lieu à un trafic déplorable; les usuriers les achètent à vil prix. Pour parer à cet inconvénient, on a adopté une mesure peu efficace : trois mois après l'engagement, l'emprunteur peut provoquer la vente de son gage pour profiter du boni. Enfin, on accuse assez raisonnablement les Monts de piété de faciliter le vol et d'en être les complices par recel. Il serait bien difficile qu'il en fût autrement. Les précautions prises par ces établissements, pour se rendre compte de l'honorabilité des emprunteurs, sont dérisoires ; vouloir les rendre sérieuses, c'eût été créer des difficultés à l'emprunteur malheureux qui aurait trouvé plus simple de vendre ses hardes ou ses bijoux à vil prix à un usurier.

Le décret du 8 thermidor an XIII, qui a force de loi, décide que le propriétaire d'un objet volé déposé au Mont de piété pourra retirer cet objet à la double condition : 1° de justifier de sa propriété ; 2° de payer tant en principal qu'intérêts et droits la somme avancée. C'est déclarer inapplicable aux Monts de piété l'article 2279 du Code civil.

Ceux qui tiennent des maisons de prêt sur gage non autorisées, ou qui ne se conforment pas aux prescriptions relatives à la tenue régulière des registres, s'exposent, conformément à l'article 411 du Code pénal, à être punis d'un emprisonnement de quinze jours à trois mois et d'une amende de 100 à 2,000 francs.

Nous n'avons plus, pour avoir épuisé notre sujet, que quelques mots à dire sur les *Couvertures d'agents de change* et les *Reports en matière de Bourse*. Admettons comme tranchée la grande question des marchés à terme ; en principe, la jurisprudence les déclare licites. L'agent de change est un intermédiaire forcé entre l'acheteur et le vendeur de certaines valeurs cotées à la Bourse ; mais l'article 86 du Code de commerce défend à l'agent de change de se rendre garant des marchés faits par son entremise ; l'article 13 du 27 prairial an X veut qu'il ait reçu de ses clients les effets qu'il vend ou les sommes nécessaires pour payer ceux qu'il achète. Il en résulte que l'agent de change ne doit pas faire d'avances à ses clients et qu'il doit tenir d'eux, avant d'engager l'opération, une somme, soit en numéraire, soit en papier, égale à la différence que l'opération peut faire naître. C'est ce qu'on appelle la *couverture*. Cette couverture est-elle un nantissement ? Est-elle un paiement anticipé des sommes dont le client peut devenir débiteur ? Si c'est un paiement anticipé, l'agent peut disposer des fonds, et le client ne peut les répéter ; si c'est un nantissement, les règles du gage seront applicables.

C'est à cette dernière opinion que nous nous rangeons pour plusieurs motifs. Les couvertures sont pour l'agent de change une garantie ; cela ne fait-il pas

naître l'idée du gage ? L'article 3 du titre vi du Règlement général des agents de change dit que ceux-ci
doivent se faire remettre par leurs clients « *les nan-
tissements nécessaires* ». Enfin le client vendeur remet
le plus souvent, à titre de couverture, des valeurs autres
que celles qu'il vend ; de même l'acheteur couvre
souvent son agent avec des titres ou des effets publics.

Entre les parties le contrat de gage sera prouvé par
la remise des titres. Si le client manque à son engagement, l'agent de change pourra-t-il, sans violer l'article 2078, se payer avec la chose ou la somme déposée ? Les auteurs se divisent sur le point de savoir si
l'agent de change pourra réaliser la couverture avec la
simple autorisation de la chambre syndicale, ou s'il
devra obtenir l'autorisation de justice ? La jurisprudence décide que l'autorisation de la chambre syndicale suffit, c'est un moyen d'éviter les lenteurs si pré-
judiciables, surtout en matière de Bourse. Mais l'agent
de change ne peut disposer de la couverture qu'on lui
a remise qu'au fur et à mesure des liquidations opé-
rées, et pour couvrir les différences qui en résultent,
il n'a pas le droit de la réaliser par anticipation. Si,
par exemple le client vient à tomber en faillite, l'a-
gent n'est pas pour cela autorisé à vendre les couvertures que ce client lui a remises, il devra attendre le
résultat de la liquidation.

Un arrêt du 7 mai 1832 fait bien ressortir le caractère de l'agent de change ; il ne peut opposer, en compensation avec le produit de la vente d'effets publics, des sommes à lui dues par son client.

L'agent de change et son client ne sont pas longtemps à liquider leur situation ; si le client est acheteur, il retire les titres des mains de son agent en lui remettant le complément du prix d'achat et des droits de courtage ; s'il est vendeur il remet les titres à son agent qui lui en verse le prix, déduction faite des droits de courtage.

On décide généralement que l'agent de change qui a reçu un ordre de Bourse et s'est engagé à l'exécuter, après avoir reçu une couverture, ne peut exiger de son client un supplément de couverture, dans le cas où les valeurs à lui remises en garantie diminueraient de valeur et menaceraient d'être inférieures à l'écart produit par la spéculation.

Les opérations par le ministère de l'agent de change sont réputées commerciales par l'article 632, § 4 du Code de commerce ; le tribunal de commerce sera donc compétent pour juger toutes les contestations que pourrait soulever la matière que nous venons de traiter.

Le *Report* est une opération de Bourse très-ingénieuse que les spéculateurs ont inventée pour se soustraire à la loi relative au taux de l'intérêt, le report est la différence entre le prix des effets au comptant et le prix des effets à terme. Celui qui achète pour revendre se nomme reporteur ; celui qui vend pour racheter, reporté. J'ai besoin d'argent immédiatement, je m'adresse à un capitaliste, et lui vends 5,000 francs de rentes 3 pour 0/0 à 56 francs au comptant, et je lui rachète les mêmes rentes à terme à 56 fr. 20. Les 20 centimes représentent l'intérêt, si nous considérons le report comme un emprunt et non comme une vente avec rachat.

Le mot « *report* » est anglais et veut dire « *continuation* »; le spéculateur peut, en effet, continuer son opération au delà du terme fixé pour l'exécution des marchés ; il paiera au capitaliste la différence que nous appelons les intérêts, et se fera reporter à la liquidation suivante. Le reporteur est un véritable créancier nanti.

Les reports sont licites si on les considère comme des contrats et des ventes n'ayant rien de fictif; mais s'il était démontré que les parties contractantes, spéculateur et capitaliste, n'ont eu d'autre but que d'éviter la loi de 1807, et que l'espèce de vente à réméré dont nous venons de parler n'était que le masque d'une opération prohibée, les tribunaux, souverains appréciateurs, pourraient ordonner la restitution par le reporteur de la somme qu'il a perçue en plus de l'intérêt légal.

La Cour de cassation a pris cette décision le 31 juillet 1852, et l'a maintenue dans son arrêt du 9 mai 1857.

Nous avons succinctement exposé tout ce qui se rapportait à l'étude du gage ; le gage commercial, la Banque de France, les Magasins généraux, etc..., donneraient certainement matière chacun à un traité spécial ; mais nous n'avons pas eu d'autre but que de résumer les lois sur le nantissement, et de les commenter sans entrer dans de longs détails. Nous avons voulu montrer combien ont pris d'importance les prêts sur nantissement depuis qu'ils ont été facilités par le législateur, et combien ils ont aidé le développement du crédit en France.

POSITIONS

—

DROIT ROMAIN.

I. Le créancier-gagiste est responsable de sa faute légère considérée *in abstracto*.

II. Si le débiteur commet le *furtum usûs* et que le créancier le poursuive par la *condictio furtiva*, ce que le créancier obtiendra devra être imputé sur la dette.

III. Si le débiteur qui a donné en gage, au su de son créancier, la chose d'autrui, en devient plus tard le véritable propriétaire, le créancier aura contre lui l'action utile.

IV. Un objet litigieux peut-il être donné en gage par le demandeur ? Peut-il l'être par le défendeur en possession ? — Il ne peut l'être que par le défendeur en possession.

V. Un contrat principal, quand l'action qui en résulte est paralysée par une *perpetua exceptio*, peut être garanti par un gage.

VI. Le créancier-gagiste non payé qui a vendu le gage ne doit pas à son débiteur les intérêts de la somme qu'il a reçue en plus de ce qui lui était dû, s'il n'a pas retiré d'intérêts de cette somme.

VII. L'indivisibilité existe activement au profit des héritiers du créancier-gagiste.

VIII. Une obligation naturelle peut être valablement garantie par un gage.

IX. Le créancier-gagiste qui a été payé ne peut se libérer par prescription de l'action *pigneratitia directa*.

X. Les servitudes s'éteignent, même sous Justinien, par le simple non-usage.

XI. Les enfants qu'un citoyen romain a sous sa puissance quand il se donne en adrogation, subissent comme lui la *capitis diminutio*.

DROIT CIVIL.

I. Le droit au bail peut être donné en gage.

II. L'art. 2074 n'est pas limitatif, et le législateur n'a eu d'autre pensée que de soumettre le contrat de gage aux formalités de l'article 1328.

III. Le contrat de gage n'est pas vicié par la clause qui interdit au créancier de faire vendre la chose à lui remise, en cas de non-paiement à l'échéance.

IV. La preuve testimoniale corroboré d'un commencement de preuve par écrit est admissible pour éta-

blir la constitution de gage, même au dessus de
150 fr.

V. L'article 2082 ne donne pas au créancier-gagiste
un droit de privilége pour la créance postérieure à
la constitution du gage ; il ne vise que les rapports du
créancier-gagiste et de son débiteur.

VI. L'autorisation de conserver le gage à titre de
paiement donnée au créancier postérieurement à la
constitution de gage, mais antérieurement à l'échéance,
est valable.

VII. Le créancier-gagiste a un droit de rétention pour
les dépenses qu'il a faites pour la conservation du gage.

VIII. La signification dont parle l'article 2075, doit
être faite avant le jugement déclaratif de faillite; elle
sera valable si elle est faite depuis la cessation des
paiements ou dans les dix jours qui l'ont précédée.

IX. La prescription libératoire ne court pas contre le
créancier nanti.

X. Lorsque deux époux, mariés à l'étranger, viennent résider en France, et omettent de faire transcrire
leur acte de mariage conformément à la loi, le mariage et les conventions matrimoniales n'en seront pas
pour cela considérés comme nuls.

XI. L'état et la capacité des étrangers sont régis
même en France, par les lois de leur pays, sans qu'on
puisse faire exception en aucun cas.

DROIT COMMERCIAL.

I. Le nantissement d'obligations, actions, parts d'intérêts, etc.... n'est pas dispensé des formalités des articles 2074 et 2075 quand le gage est civil.

II. La substitution d'un gage à un autre consentie par le débiteur à son créancier dans les dix jours qui ont précédé la cessation de paiements est nulle, même quand elle est faite sans fraude.

III. Le créancier nanti ne peut profiter du jugement déclaratif de faillite pour rendre sa créance immédiatement exigible.

IV. Le warrant est un effet de commerce.

V. La Banque de France peut être contrainte à payer les billets de banque perdus ou détruits, quand le réclamant peut établir sa propriété.

VI. Les marchés à terme sont licites.

VII. La couverture remise à l'agent de change n'est pas un paiement anticipé, mais bien un véritable nantissement.

DROIT CRIMINEL.

I. Le duel n'est interdit par aucune loi Française.

II. Le complice du suicide ne tombe sous l'application d'aucune loi.

III. Le même fait qualifié crime, et soumis à l'appréciation de la Cour d'assises peut être renvoyé devant la police correctionnelle comme délit, si le jury a déclaré qu'il n'y avait pas eu de crime commis.

PROCÉDURE CIVILE.

I. Les paiements faits par le failli dans les dix jours qui ont précédé la cessation de paiements, sont nuls conformément à l'article 446 du Code de procédure civile, même à l'égard du failli s'il a obtenu un concordat.

II. Le tiers saisi peut valablement payer entre les mains du saisi l'excédant des causes de la saisie.

DROIT DES GENS.

I. On ne peut considérer la conquête comme un titre légitime à la souveraineté.

II. Les tribunaux civils sont compétents pour interpréter les traités toutes les fois que les contestations qui donnent lieu à cette interprétation ont pour objet des intérêts privés.

ANCIEN DROIT.

I. La règle « *Institution d'héritier n'a lieu* » ne s'appliquait pas aux pays de droit écrit.

II. On ne pouvait légitimer par le mariage que les enfants dont on aurait pu être le père ou la mère au moment de la conception.

Vu par le Président de la thèse,

ORTOLAN.

Vu par le doyen,

G. COLMET-DAAGE

Vu et permis d'imprimer,
le Vice-Recteur de l'Académie de Paris,
A. MOURIER.

1113. — ABBEVILLE, imp. Briez, C. Paillart Retaux.

ABBEVILLE. — IMPRIMERIE BRIEZ, C. PAILLART ET RETAUX.

9 782329 029719